新手入門・縫紉基礎 Lesson

坂上のり子

Contents

35 Lesson 2

趕快來做做看吧！

36 縐褶裙

製作方法 → 38

54 無袖連身裙

製作方法 → 56

44 簡易長褲

製作方法 → 46

66 七分袖襯衫

製作方法 → 68

附實物大紙型

Lesson 1

開始前
請先熟悉
以下事項

這個單元將會介紹裁縫的基本「用具」和「知識」，如道具、紙型、布料、車縫等…，對於想製作舉世無雙的珍藏品的人絕對會有幫助。

用 具

請 事 先 準 備 這 些 用 具

這裡要介紹從整布到最後修飾所須使用的各種裁縫用具。在開始之前把最基本的用具準備好，讓作業進行得更順利。

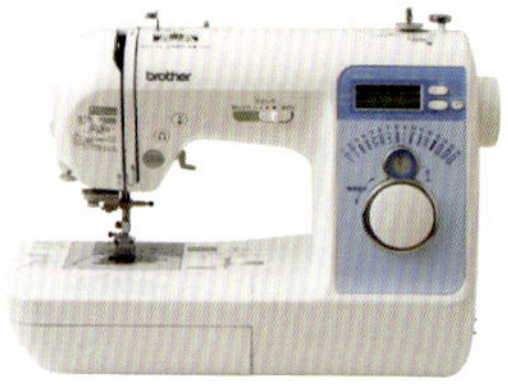

縫 紉 機

除了直線縫之外，也可以縫鋸齒繡和釦眼繡等。如果是初學者的話，建議選擇具有簡化製作手續功能的機型。

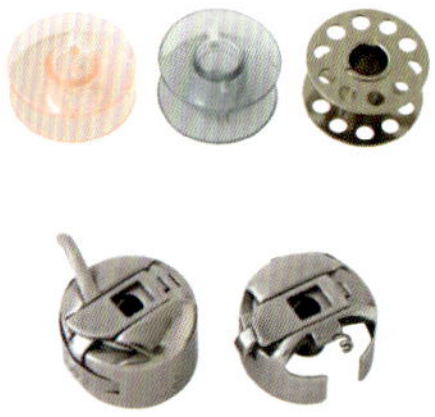

梭 子 和 梭 殼

斧的種類依家庭用、職業用、工業用縫紉機可分成半回轉式和全回轉式兩種。梭子和梭殼也要配合機種來選擇。

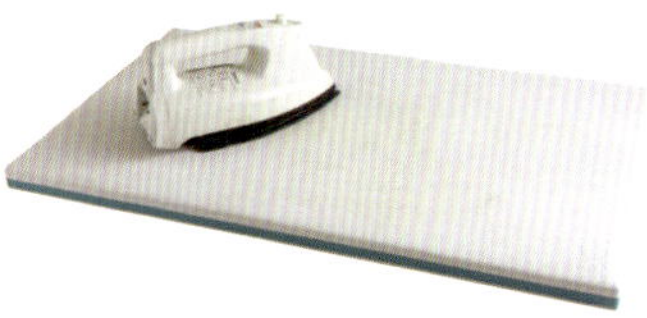

熨 斗 和 熨 檯

能把作品修飾得更美的必要用具。從整布開始就要熨燙，每次縫合後也要把縫目燙平，這樣成品看起來就會很不一樣。

噴 霧 器

要利用乾熨斗進行拉平縐紋或燙貼布襯等的作業時就會用到。請選擇能全面噴霧而不會滴水的類型。

布 用 剪 刀

剪布用的剪刀。尖端要能剛好合攏，刀刃要銳利，拿在手上要舒適，這樣才會好用。

線 用 剪 刀

切斷縫線用的握式剪刀，擺在手邊讓工作更便利。請選擇尖端咬合狀況佳且具有彈性的類型。

紙 用 剪 刀

裁紙專用的剪刀。如果拿布用剪刀或線用剪刀來剪紙，刀刃就會損傷，請一定要分開使用。

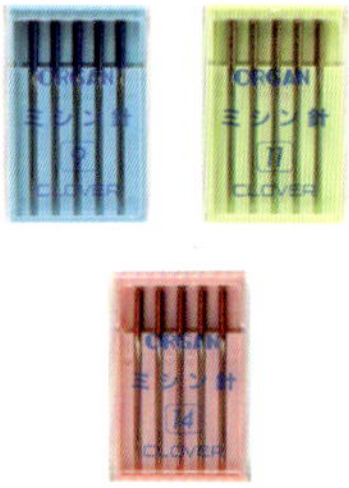

車 針

請配合縫紉機的機型和布料的厚度選擇適合的車針。粗細度是以編號來區分，數字愈小就愈細，適合薄布料。

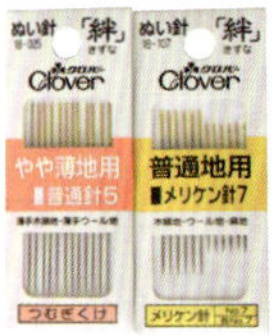

手 縫 針

貼布繡或縫鈕釦時使用的手縫針。粗細度也是用編號來表示，數字愈小就愈粗。

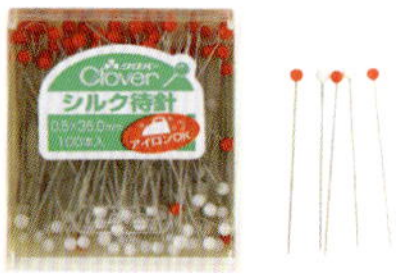

珠 針

附有珠子的針，要把2片以上的布縫合時可以防止布料滑動。極細的絲針不容易傷到布，最適合薄布料。

針 插

作業中放在手邊，可插上縫紉針或珠針的「針山」。以質地柔軟、可順利插針的類型為佳。

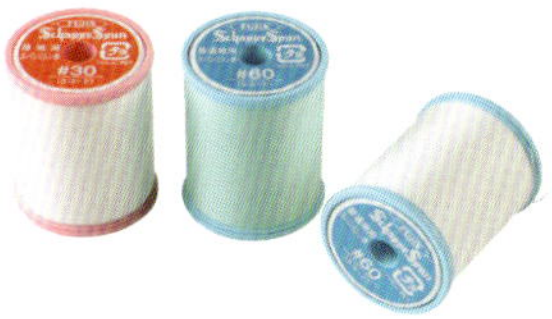

車線

請配合布料的種類使用不同素材和粗細度的車線。編號是表示粗細度。照片中的是聚酯纖維線「Schappe Spun」。

手縫線

用於縫份的貼縫及鈕釦的縫合。請配合布料的素材、厚度，以及使用位置選擇適當的線。

做記號的用具

做記號是能夠左右作品完成狀態的作業。這裡要介紹幾種在製作紙型及加縫份時能充分發揮威力的超優工具。

牛皮紙

半透明且具有張力的薄紙，摹畫實物大紙型時非常方便。捲筒式可以裁剪需要的量，避免無謂的浪費。

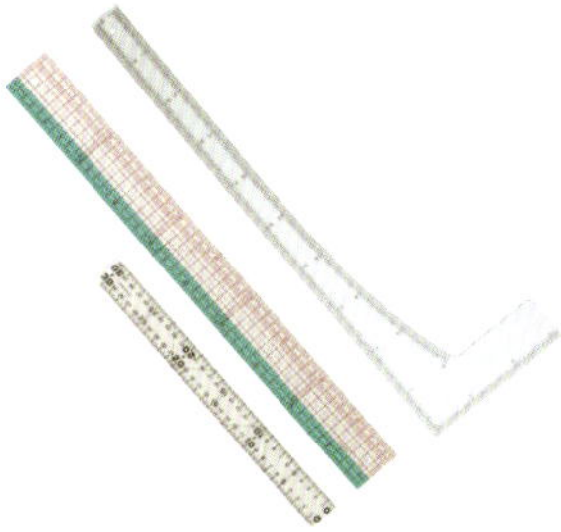

定規尺

方格定規尺可以簡單而正確地畫出加縫份的平行線及正斜紋。照片右方的L尺兼具直角定規和曲線尺的功能。

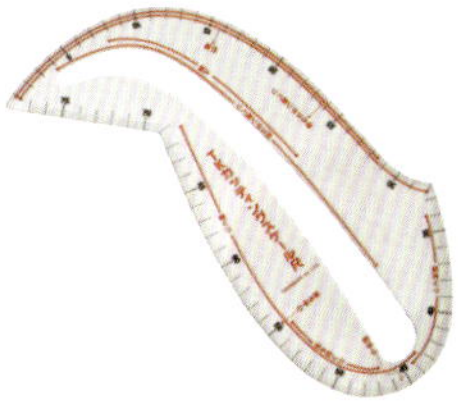

曲線尺

用於畫領圍、袖圍，以及褲子的股圍等凹入較深的曲線時。想測量曲線長度時也很好用。

粉土紙

紙的一面或兩面有色粉，可夾在紙型與布或布與布之間複寫記號。用於棉、麻等的記號繪製。

點線器

用於線或合印的複寫。要把實物大紙型的圖案複製到別紙上就用末端尖銳的齒，要把記號做在布上就用圓齒。

粉土筆

用於畫縫份記號和合印的筆。照片中的「粉土筆」附有能清除線條的刷子。

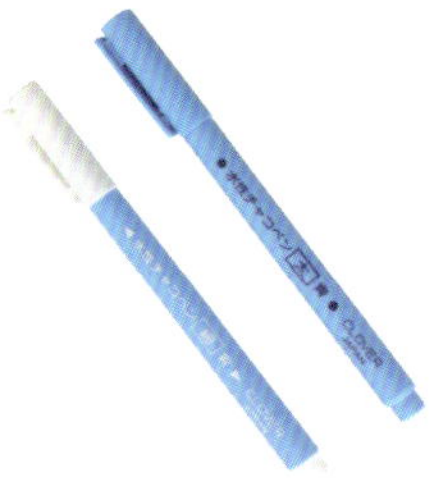

布用水性筆

畫線和做記號都很順的布用記號筆。照片中的是可用水或專用擦除筆擦掉的「水性粉土筆」。

其他的便利用具

既然是特意縫製的作品，當然想要做得又快又有效率。讓便利的道具幫你實現源源不絕的創作意欲。

布鎮

把實物大紙型畫在牛皮紙上或是把紙型畫在布上時，用來防止布料滑動的重物。照片中的是可以利用重疊調整重量的布鎮。

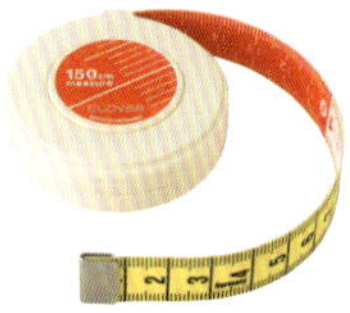

捲尺

具柔軟性，量尺寸及曲線時很好用。照片中的是為方便測量，每10cm換一種顏色的類型。

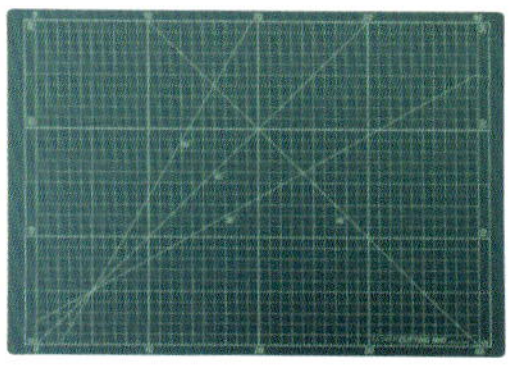

裁墊

使用刀具或鉚眼鑿時為避免損傷作業平檯而鋪放的底墊。印有格線的類型還可以邊測量邊裁切。

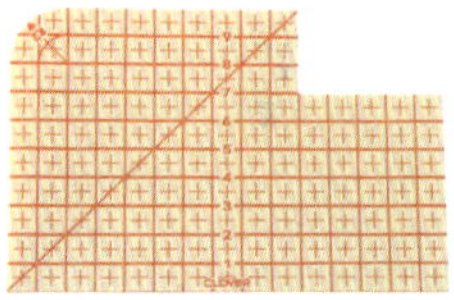

熨斗定規尺

可以邊熨燙邊對齊寬度把布反摺的用具。用蒸氣燙出更清晰漂亮的摺痕，直線曲線都適用。

錐子

利用尖端推送車縫位置邊緣的布料或拆解縫目。也適用於整理角落等的細節作業。

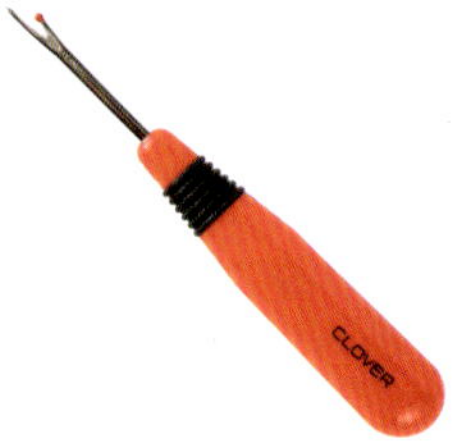

拆線器

刀刃呈U字形，能輕鬆插入細節部分的刀具。用來切斷縫目的線或開小鉚眼都很方便。

鉚眼鑿

用於開鉚眼，一口氣切斷的話眼，切口就會很漂亮。請一定要鋪放裁墊或厚紙板。

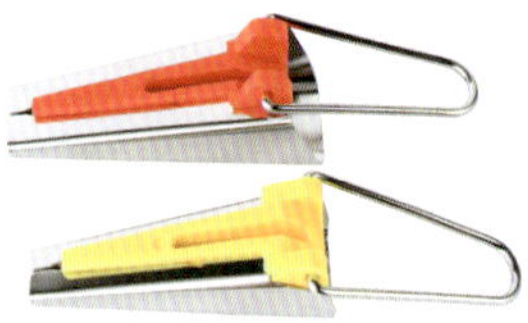

滾邊器

可用自己喜歡的布輕鬆製作等寬的包邊布或斜紋布等。共有6~50mm寬的5種類型。

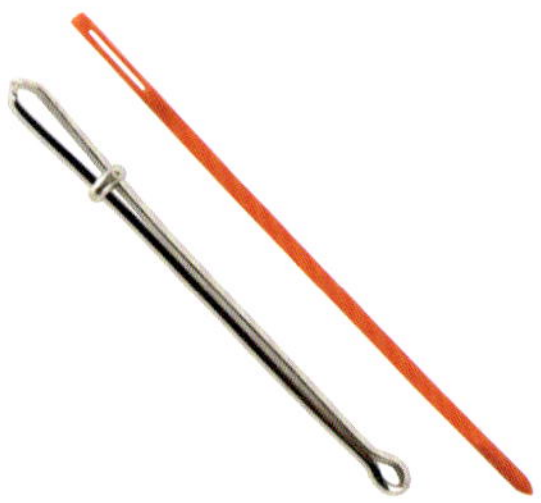

穿帶器

能快速穿入鬆緊帶或繩子的道具。有夾式的和穿孔式的，也有長而軟的塑膠製品。

頂針器

手縫時戴在中指上使用。用凹入的部分抵住針頭並推進。照片中的是金屬製的可調尺寸的頂針器。

車針與車線的關係

車針和車線要配合縫紉機的種類和布料的質感選擇適合的。也有特殊類型，提供您在製作本書作品時做為參考。

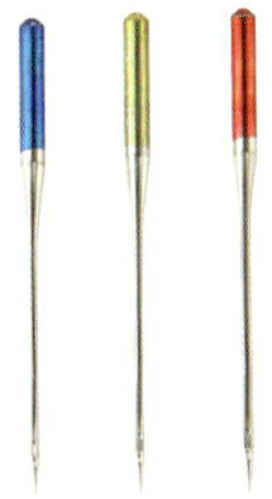

請配合縫紉機的機種及布料厚度使用。磨損或彎曲的針會導致斷線或縫目跑掉，請注意。

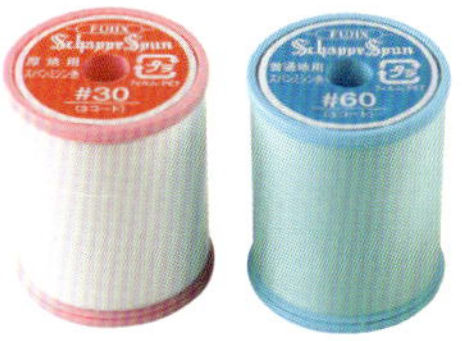

木棉、絹、合成纖維等製成的線。請配合布的質感及想縫的位置選擇。編號愈小線就愈粗。

參考搭配表

布		車針	車線(Schappe Spun)
薄料	棉紗、細棉 麻布等	7號、9號	90號、60號
普通料	青年布、 雙重棉紗等	9號、11號	60號
厚料	丹寧布、 帆布等	11號、14號	60號、30號

珠針的插法

珠針插得正確，簡單縫合時的疏縫就可以省略了。

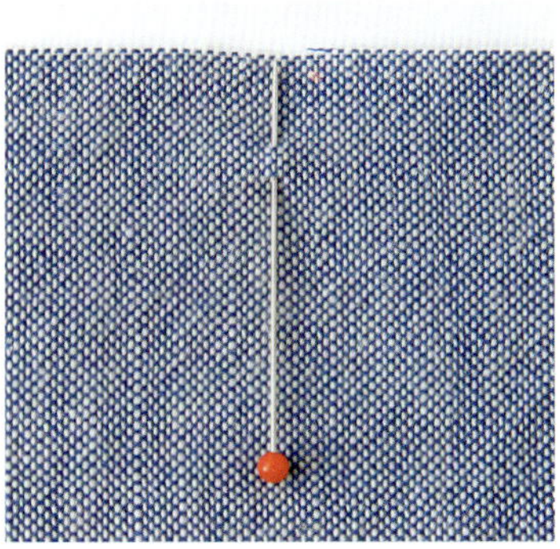

插上的珠針必須對布邊或完成線垂直。挑取的布紗也不要太多，這樣可以減少無謂的移動，讓位置更準確。

1

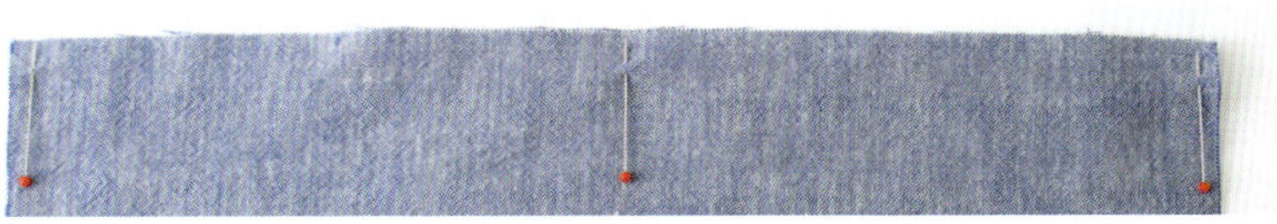

先在起點和終點的完成線上插珠針，然後在2支針的中央再插一支珠針。遇到腰圍線或開口終點等的合印時更要把珠針插好，絕不能有偏差。

2

在**1**的針與針之間均勻地插上珠針，進一步防止布料滑動。縫紉距離較長或遇到曲線時，針與針之間的距離就要更近，這樣比較好縫。

布 料

各 種 布 料

布料要配合縫製項目及設計來選擇。這裡介紹的都是質感很好且容易處理的人氣素材。

嗶嘰布
(Serge)

經紗及緯紗的粗細度及密度大致相同的綾織布。可清楚看見約45度方向的斜紋路。緻密、具彈性且強韌。

牛津布
(Oxford)

以各2條的經紗和緯紗做魚子織。特徵是織目之間有空隙，透氣性佳，有微微的光澤感。

亞麻帆布
(Linen Canvas)

也有棉或合成纖維製品，但原是以亞麻或大麻密織而成的平織物。質地厚且強韌，用於帳篷及西畫布等。

七夕棉
(Tanalawn)

把棉柔化後製成的高品質薄織物。另有一種起源於法國拉昂，擁有麻料觸感的亞麻平織物。

棉紗
(Gauze)

用低撚數的單線紡織而成的粗織目平織布。漂白後不上漿，故極為輕薄柔軟，且具有優異的吸水性。

雙重棉紗
(Double Gauze)

雙重構造的棉紗具有輕柔的魅力。表裡織物間留有空隙，所以摸起來比棉紗還要蓬鬆。

綾紋布
(Twill)

綾織布的總稱。布表可看見斜斜的織紋模樣。可分為右端較高的右綾布和左端較高的左綾布兩種。織紋的角度也有各種變化。

青年布
(Chambray)

經紗為青或紅等的色線，緯紗則為白線的平織布。呈現出霜降般的表情，給人運動風的印象。

丹寧布
(Denim)

以天然靛藍植物染的經紗和漂白的緯紗織成的厚棉布。也有使用彩色紗線或經過修飾加工的類型。

格子棉布
(Gingham)

以彩色紗線和漂白紗線或其他顏色的染色紗線組合織成的格子花紋平織布。偶爾也會看見條紋狀的花紋。

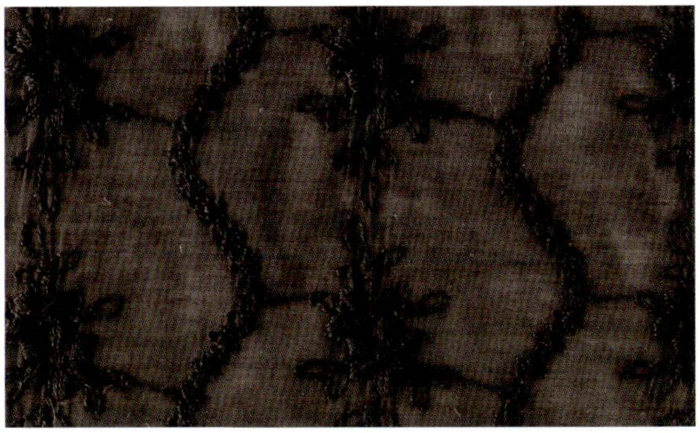

刺繡蕾絲布
(Embroidery Lace)

以薄而纖細的棉布、亞麻布或絹網等為基布，在上面刺繡，表現具透明感的花樣。照片中的基布是細綿布。

扇形飾邊
(Scallop&Edge)

Scallop就是「帆立貝」的意思，指修飾成波浪形狀的飾邊。不需要再做邊緣的處理，因此常用於衣物的下擺。

布的名稱

選布及縫製作品的過程中都會用到指稱布寬及編織方向等的名稱。請連同其特徵一起記下來吧！

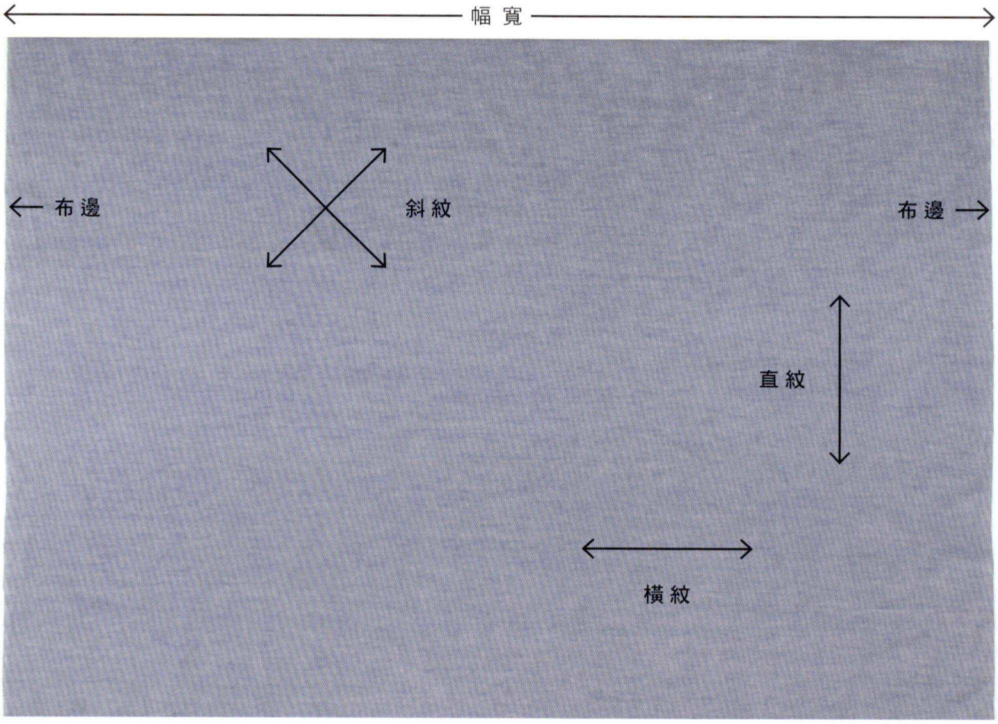

幅寬
指布料橫向兩端(布邊)之間的距離。

布邊
指布料織線摺反處，即幅寬的兩端。

直紋
指與布邊平行的布紋。

橫紋
指與布邊垂直的方向。

斜紋
指對布紋成45度的傾斜方向，具彈性且柔軟，能適應身體動作，但同時也容易被拉伸，裁剪時要特別注意。

過水與整布

布料大多都是以纏捲的狀態販賣的。直接使用恐怕會使作品縮縮或歪斜，所以裁布之前一定要整理布紋。

1

把像屏風那樣摺疊好的布料浸泡在大量的水中。

2

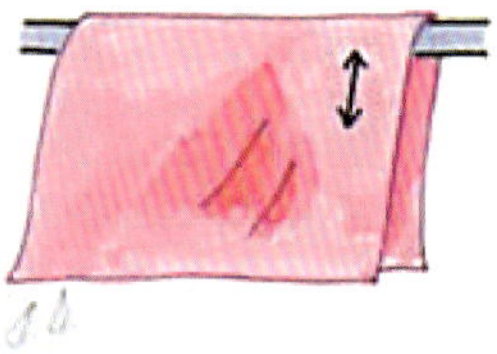

陰乾至半乾的程度。

3

用兩手把布紋的歪斜處拉一拉，稍微整理。

4

用熨斗往垂直和水平的方向熨燙，盡量使縱橫布紋相互垂直，並使布的狀態安定下來。

熨 燙

溫 度 與 素 材 的 關 係

請把家庭用的熨斗充分活用在裁縫工作上。每種素材有不同的適溫，請別忘了在熨燙正式製作用的布料之前先確認設定的溫度並試燙。

溫 度 設 定 的 參 考 值

	溫 度	適 用 素 材
高	１７０～２００℃	棉、麻等
中	１３０～１７０℃	毛、絹、聚酯纖維、尼龍、人造絲等
低	７０～１２０℃	壓克力、醋酸纖維等

燙 法

整布、燙平縐紋及製程中的熨燙方法皆不相同，請配合作業需要在布面上滑動、按壓或隔空熨燙。

訣竅是「溫度、壓力、蒸氣」的組合。如果想撫平縐紋，就要邊給予適量的水分邊順著布紋以滑動的方式熨燙。如果是要穩定布紋或燙貼襯芯，就要用按壓的方式熨燙。此外，先讓布料接觸蒸氣，然後馬上用乾熨斗燙，布的穩定性會更好。但也有一些布料會因為設定的溫度或蒸氣而縐縮，所以一定要先剪下一點碎布來試燙。

紙型

如何看紙型

紙型並沒有包含縫份，所以請參照製作方法頁的裁剪方法圖自行加上縫份。直線框內的零件沒有紙型。

長褲

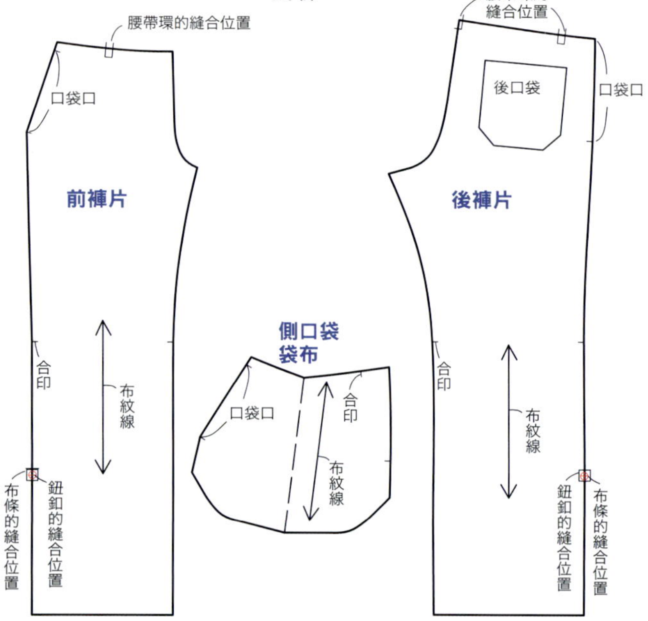

連身裙

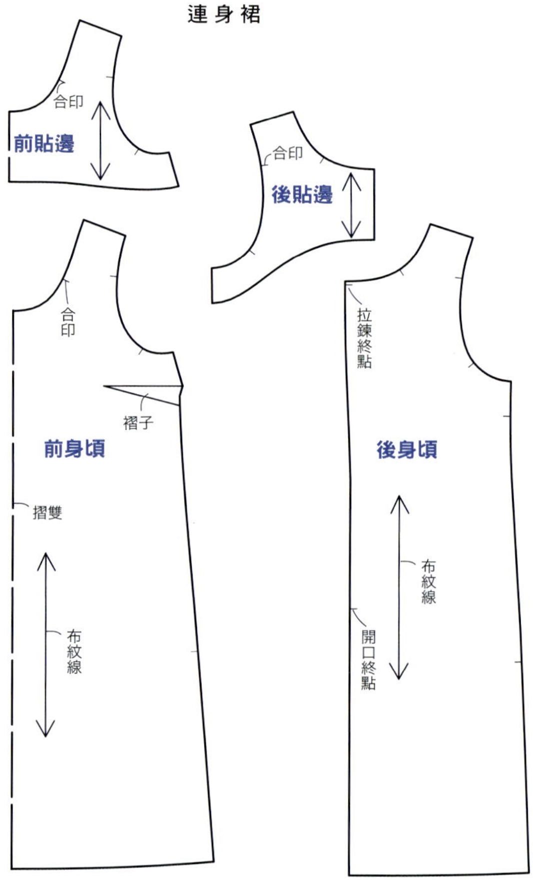

襯衫

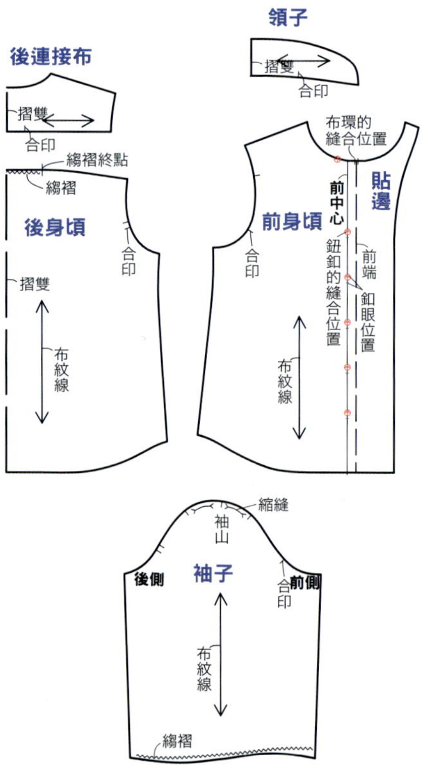

紙型的尺寸與選擇方法

請正確地量出自己的尺寸後參考下方的實物大紙型尺寸表選一個最接近的尺寸。衣長則請依自己的喜好調整。

	S-size	M-size	L-size	LL-size
身長	160	160	160	160
胸圍	80	83	86	89
腰圍	61	64	67	70
臀圍	88	91	94	97

(單位是cm)

各 部 名 稱

衣服的每個部分都有名稱，這在製作紙型和縫紉作業的理解上是必要的。請邊參照下圖邊作業。

長褲

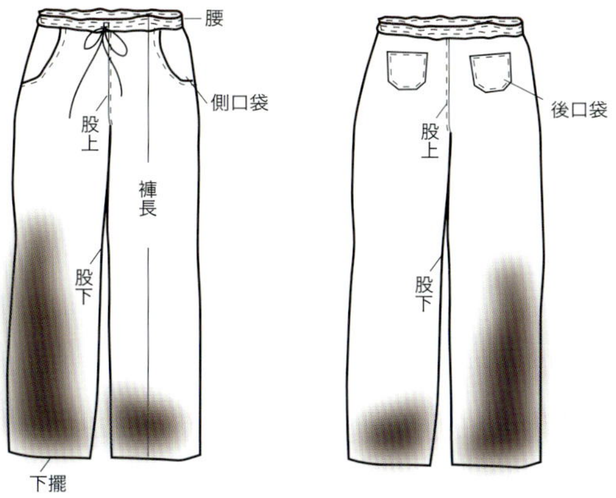

連身裙

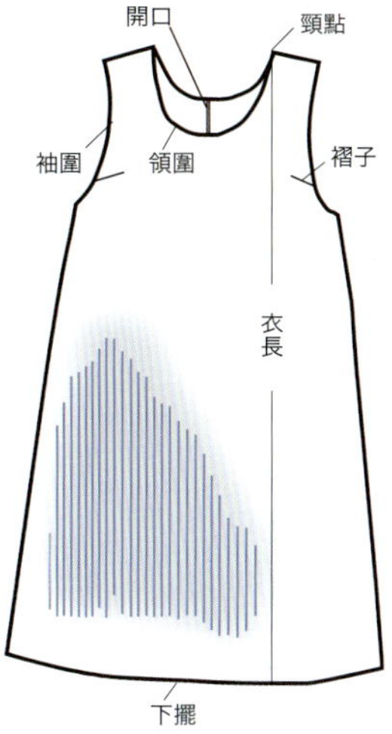

襯衫

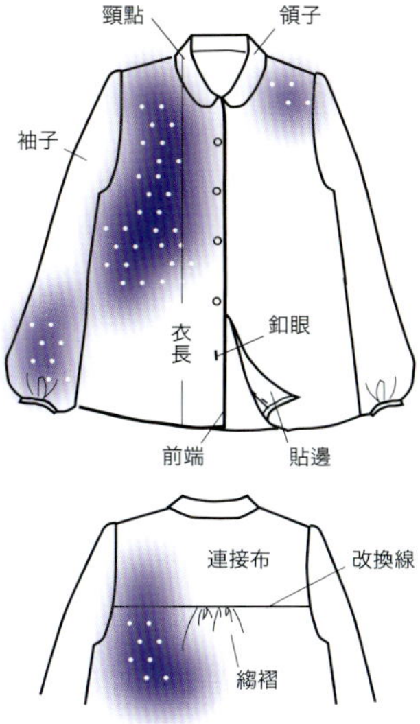

裁 縫 用 語

裁縫相關用語中有一些是我們平時比較少聽到的，為了讓作業更順利，現在就先記住吧！

【合印】

要把2片以上的布縫合時所做的防止布片偏離正確位置的記號。也用於標示打褶或縐褶的位置。

【粗目車縫】

指把針距調大的車縫。用於擠縐褶和疏縫時。

【開口】

指讓穿脫及行動更方便的開口部分。也有為裝飾而加上的開口。

【縮縫】

把平面的布做成立體形狀的方法。在要縮縫的部分縫上細密的平針縫，或先縫粗目車縫再輕輕把線拉緊，然後再用熨斗整燙成立體的形狀。用於袖山及後肩線等。

【被】

使縫份在距離縫目0.2cm處的內側倒下，為完成尺寸再多留一點空間。

【衣長】

指從領圍的頸點到下擺為止的長度。

【改換線】

指身頃、連接布、裙子等布片相接的位置。

【鑲合】

把2片布縫合，表裡兩側都不要拉緊，成為像鑷子那樣靠在一起的狀態。

【裁剪方法圖】

能避免布料在裁剪時浪費的紙型配置圖。

【褶子】

把平面的布配合身體凹凸做成立體形狀的技巧。方法是抓起一部分的布，像箭一樣慢慢往前縫到消失為止。

【縫份的處理】

指為避免布邊綻紗而做的處理。

【布紋】

由縱線與橫線構成的布的織紋。

【斜紋】

指對布紋成45度角的方向。

【包邊】

指把布邊用斜布條或其他的布包起來。用於沒有裡布或貼邊的領圍或裝飾用途。

【貼邊】

指為處理布邊、補強或維持形狀而縫合並擺在裡側的布。用於衣物的前端或領圍等。

【需用尺寸】

指為縫製作品而需要用到的布料量。

【連接布(yoke)】

指用於肩、胸、背、臀腰等的轉換部分。

摹畫的方法

從實物大紙型中選出較符合自己的尺寸之後就可以開始製作紙型了。
這裡要介紹用牛皮紙摹畫的方法。

1

把實物大紙型攤開。用顏色醒目的色鉛筆或筆在角及合印等的重點位置做記號。

2

把牛皮紙重疊在實物大紙型上，用鉛筆摹畫完成線及合印等必要的線。直線就用定規來畫。

3

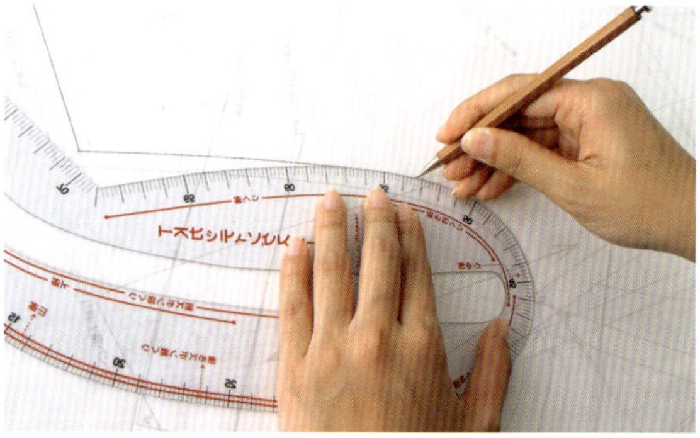

領圍、袖圍、褲子的股上等曲線較急的部分就用曲線尺來畫。選曲線弧度剛好符合的部分來畫。

4

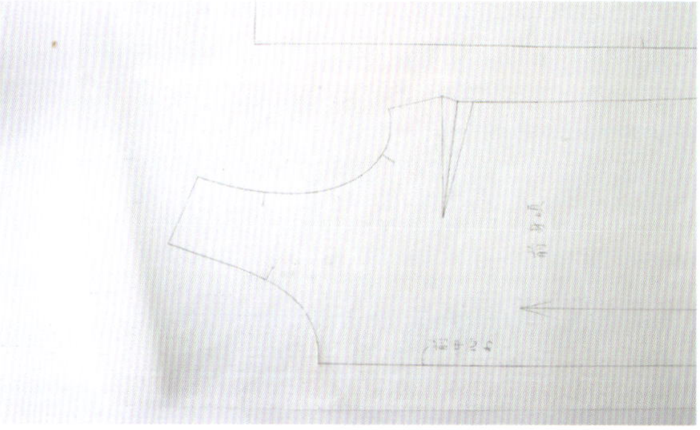

畫「前後身頃」及「布紋線」等。

5

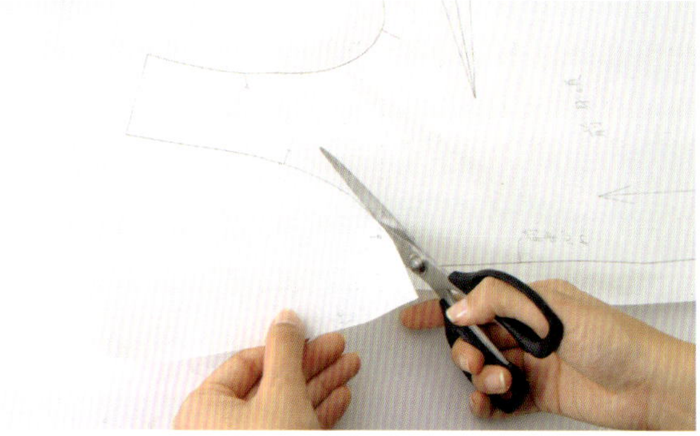

沿著完成線裁剪牛皮紙。把紙放在平坦的地方，讓剪刀的下刃靠著桌面進行裁剪，這樣比較不會剪歪。

對齊花紋

使用大格子、粗條紋或大花圖案的布時，為避免成品的花紋錯開而在裁剪時就先使圖案對齊。

花紋具有上下方向性的布一定要以相同的方向配置前、後身頃。利用最醒目的後側中心及脇邊的合印使花紋確實對齊 。

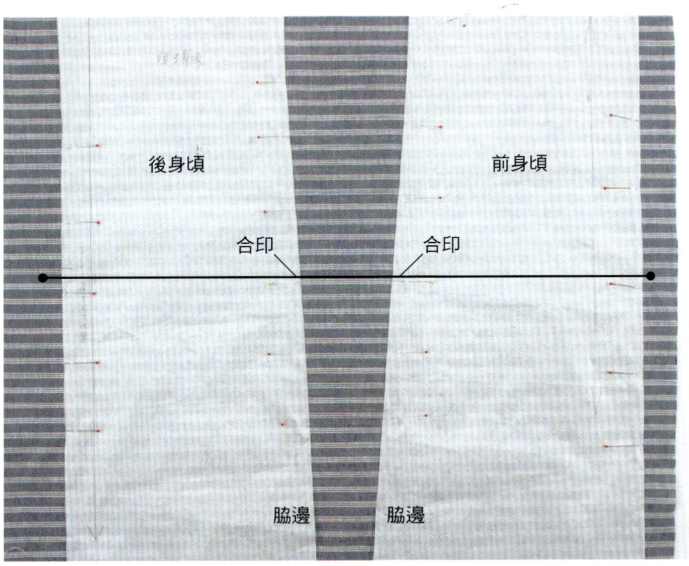

條狀花紋也是利用最醒目的後側中心和脇邊的合印使花紋對齊。

裁 斷

加縫份的方法與裁斷

紙型是不含縫份的。在平坦的地方把布攤開並把紙型配置在布上，然後畫出縫份、設計線和合印。

1

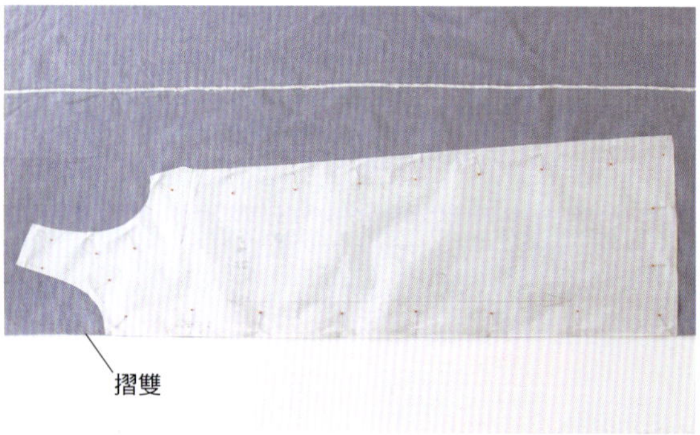

參照製作方法頁的裁剪方法圖，邊使布與紙型的布紋線相互對齊邊把紙型配置在布上，用珠針固定好。

2

在布邊加上縫份。參照裁剪方法圖用定規尺在紙型的邊緣測量指定的尺寸並用粉土筆或布用記號筆畫線。

3

領圍及袖圍等的曲線就用定規尺沿著紙型的邊緣測量指定尺寸並一點一點地畫上虛線記號。

4

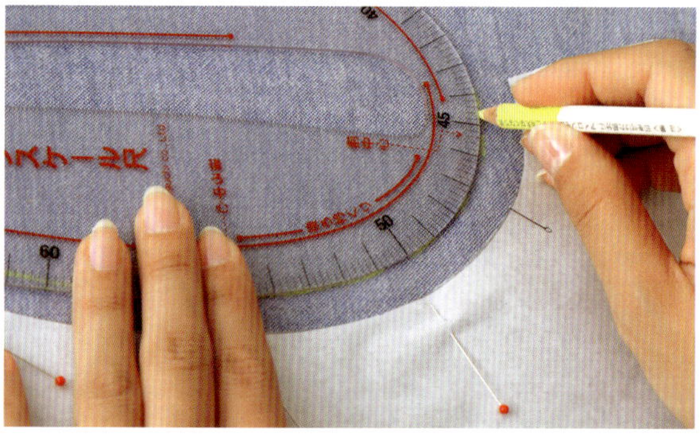

利用曲線尺把**3**所畫的虛線連接成平滑的線條。

5

褶子及口袋等的設計線用粉土紙來畫。請用雙面或是單面摺成一半的粉土紙。

6

把粉土紙重疊在設計線下方重疊的布之間。

7

用點線器在紙型上沿著設計線描畫。

8

確認設計線是否已清楚地複寫到布上。

9

把粉土紙夾在重疊的布之間，在縫份部分用點線器壓出合印記號。

10

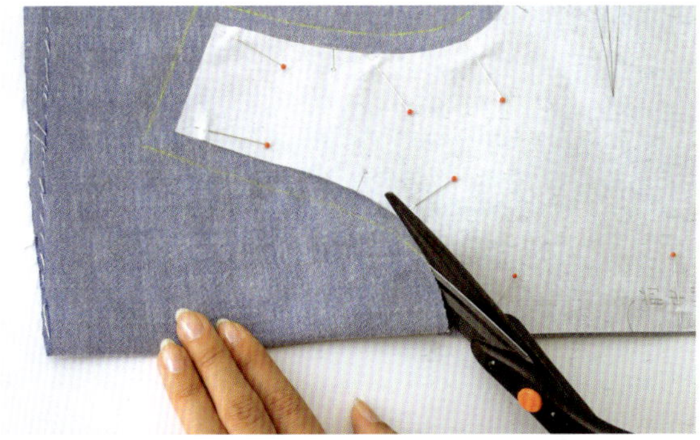

裁斷時要從距離布邊較近的位置下刀。讓剪刀靠著桌子或檯子裁剪，這樣比較不會剪歪。

11

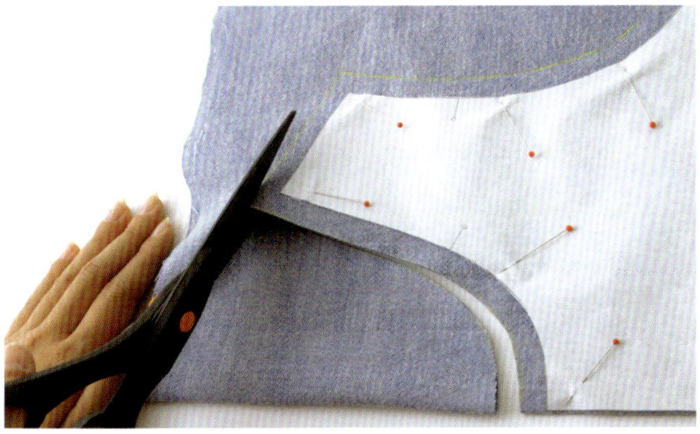

剪到角時要先稍微剪超過一點點，然後再換方向繼續裁剪。

布襯・牽條襯

布襯的種類

指基布裡側有上膠的芯用布，用於防止衣物變形或拉伸。請配合表布及設計、輪廓等選擇適合的布襯。

只要給予熱量和水分，裡側的膠就會溶解並黏在布上。有些布會因此而縐縮，所以必須要試貼。照片中的是裡側。

平織襯

基布為紡織物，布紋很明顯。有厚的也有薄的，種類豐富。彈性很低，不容易變形。請配合表布及設計做選擇。

針織襯

基布為具彈性的編織物。編織的方向為縱向，所以縱向的彈性比橫向好。貼合後即與布料融為一體，不但觸感柔和，也不容易變形。

不織布襯

以非紡織的方式把纖維製成布狀。貼上後會有張力、質輕且不易變形。一般都沒有布紋，所以不會浪費。

牽條襯的種類

裡側有膠，可防止布料被拉伸的襯條。用於減輕衣物肩部、領圍、前端及口袋口等欲避免拉伸之部位及保持形狀。

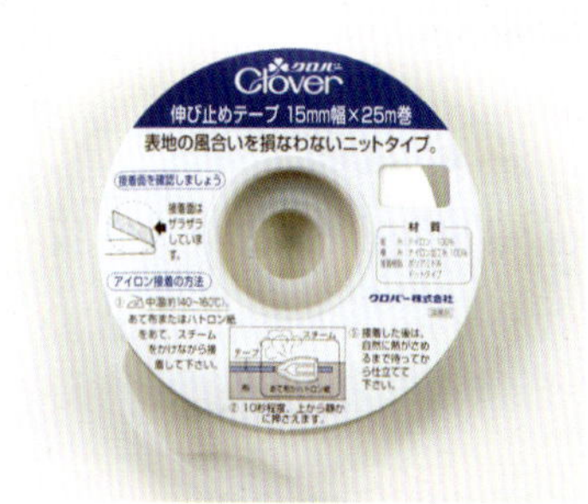

以纏捲的狀態販賣，配合想燙貼位置的長度剪下使用。照片中是針織型的單面膠襯。

平織襯

基布是紡織物。彈性較差的平織型可用於想確實防止拉伸的部位。前端、口袋口、下擺線等也可以用。

針織襯

不會破壞表布的質感，柔軟且具適度彈性的針織型牽條襯。常用於肩部、領圍、袖圍等的補強及維持形狀。

高彈性牽條襯

亦可用於針織素材的高彈性襯條。薄編織襯與布料的融合性很好，且貼合後仍保有彈性，因此無法防止表布被拉伸。

布 襯 的 貼 法

布襯可藉由熱能和水分貼在布上，但多少會有點縐縮。請務必先拿實際要用的布試貼一下並對齊表布的布紋。

1

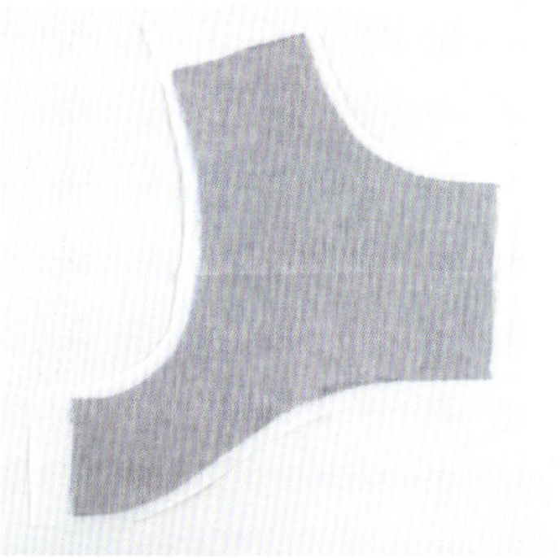

使布的裡側與布襯的裡側(有膠面)相觸。布襯請粗裁成略大於布片的尺寸。

2

在整片布襯上輕輕地噴霧，整理襯芯的布紋。

3

把超出布片的多餘布襯剪掉。

4

用中溫的乾熨斗輕輕地按壓布邊做固定。

5

重疊一張和牛皮紙差不多厚的紙。用乾熨斗或蒸汽熨斗從布邊開始按壓每個位置，不要留空隙。

6

布襯已貼合於布上的狀態。還沒冷之前如果動到的話布會扭曲，所以在完全冷卻前請不要動到。

牽 條 襯 的 貼 法

襯條如果被拉長了，拉伸的份量之後會縮回來並牽動表布。請沿著想貼的線一點一點慢慢地貼。

1

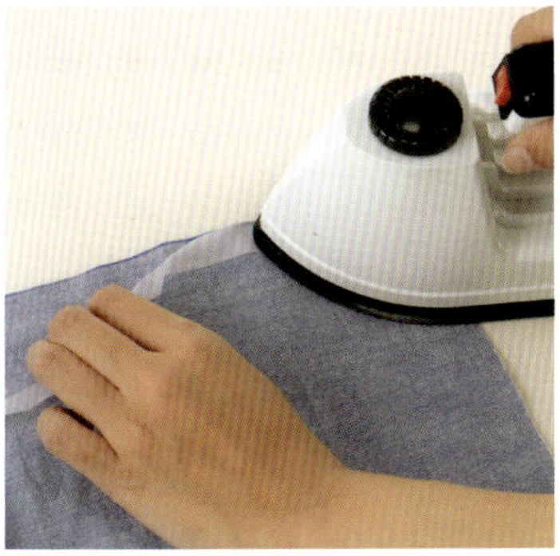

用中溫的熨斗輕壓襯條的末端做固定。

2

邊用熨斗確實按壓10秒左右，邊沿著想貼的線一點一點地邊貼。

3

牽條襯已貼合於布上的狀態。

疏縫

疏縫線

為使正式縫合更正確、更好縫而做的暫時固定。疏縫線是把2條紗線輕撚成1條的木棉線，能適應任何布料。

原色

未經漂白的木棉製疏縫線。一般是把做成環狀的線束起來販賣，所以要先把束紙拆掉並在環的一處剪斷，一條一條地抽出來用。

彩色

把原色的疏縫線染色成紅色、粉紅色、水藍色、黃色等，以相同的形狀販賣。請配合布料的顏色及疏縫的位置選用。

縫法

把布放在平坦的檯面上，邊用左手壓著行進方向，邊在布上挑取0.2~0.3cm的布紗。注意不要把線拉得太緊而牽動布料。

1條線

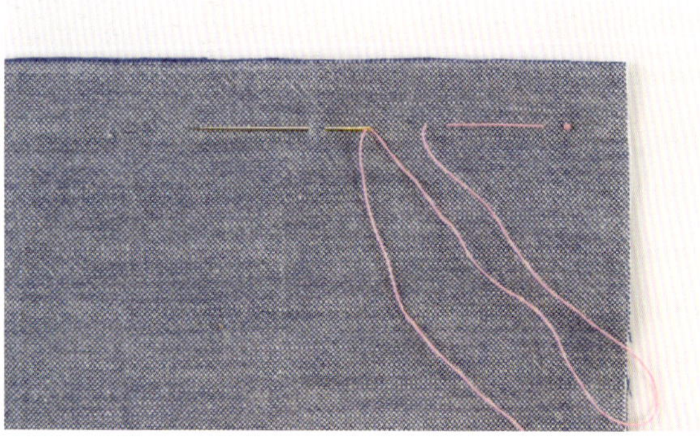

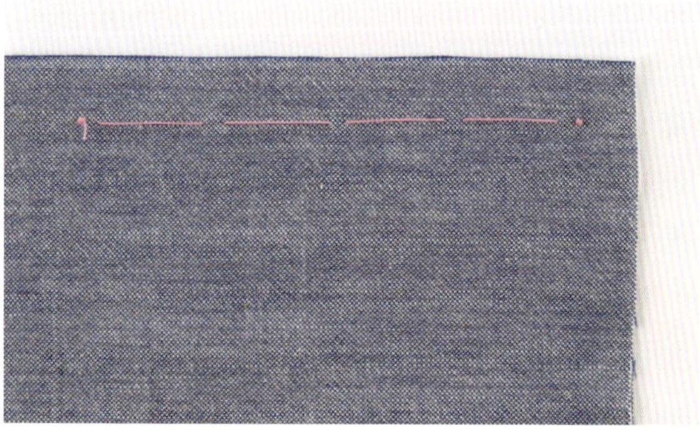

2條線

車縫

線張力

除了針和線都要配合布料之外，上線張力的強弱適中也是影響成品是否美觀的重點。

上線張力太強　◎正常　上線張力太弱

表

裡

上線張力太強：縫目被拉扯到其中一側了，請把上線的張力調弱。

◎正常：上下線均勻地結合。

上線張力太弱：下線浮浮的，請把上線的張力調強。

試縫

正式縫紉前，請務必先用實際要縫的布料做試縫。如果上、下線在布的表、裡兩側看起來都很均勻，線張力就沒有問題。調整成平衡的狀態之後，就可以開始車縫了。

縫紉的起點與終點

縫紉機要放在安定的檯子上，人則是坐在車針的正面。開始及結束要抬起及放下車針或壓布腳時都要把手輕輕地靠在布上。

1

在壓布腳的下方插入布，使縫線在車針的正下方會合。放下車針，使針插在布上。線則往後方拉長擺好。

2

放下壓布腳後開始慢慢地縫。

3

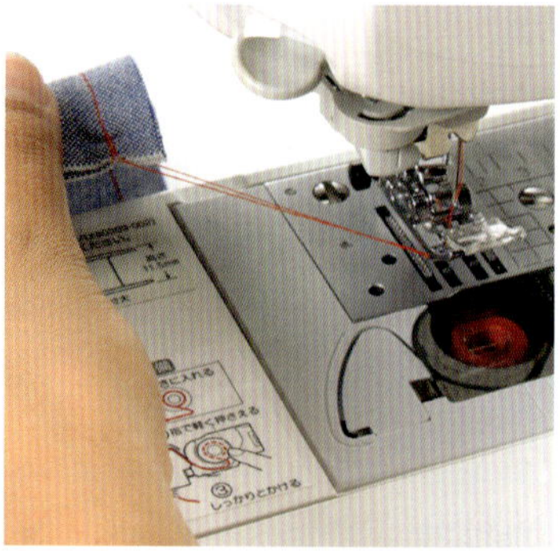

縫完後把壓布腳抬起來，把車線從後方斜斜往左拉出來。在最後的縫目邊緣剪斷線。

倒退縫

指在縫紉的起點和終點為避免縫線綻開而重疊縫上倒退的針目。也常縫在想要加強固定的地方。

1

使車針落在起點的位置，放下壓布腳。

2

往前縫2~3針。

3

使車針往倒退的方向縫，重疊在**2**的針目上，在起點處停止。

4

重疊縫在**3**的針目上並繼續往前縫。

5

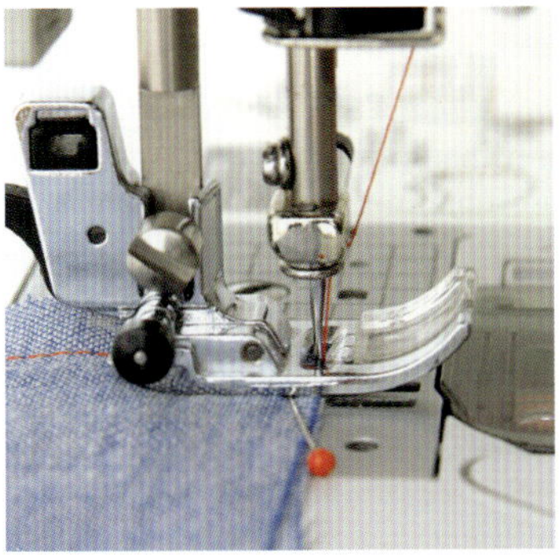

使針落在終點的位置。

6

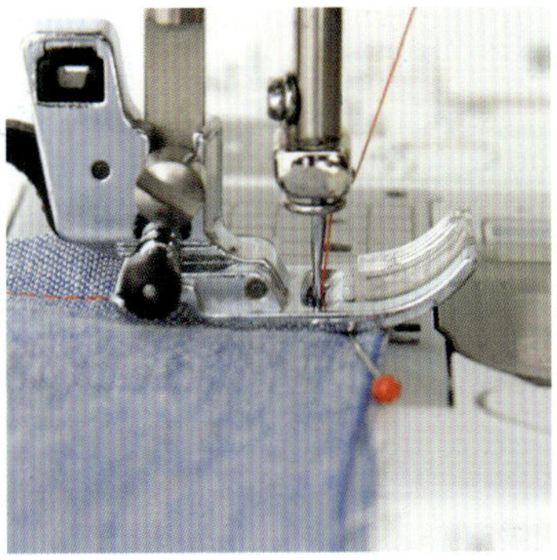

往回縫2~3針並停止。

7

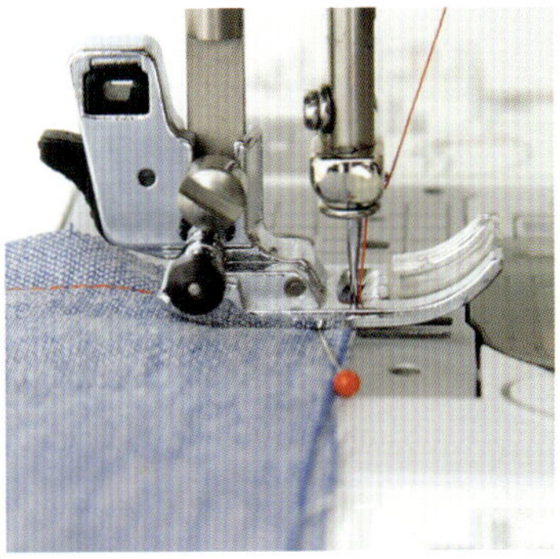

接著往前方重疊縫在**6**的縫目上，在終點停止。

8

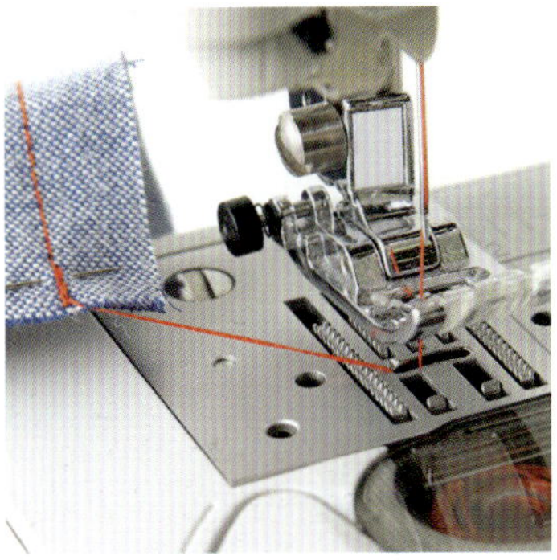

最後把壓布腳和車針都抬起來並把線剪斷。

導 引 線

「導引線」是想要以一定寬度縫紉時的好幫手。只要使布邊對齊線平行地縫，就不必經常來回地旋轉並測量縫份了。

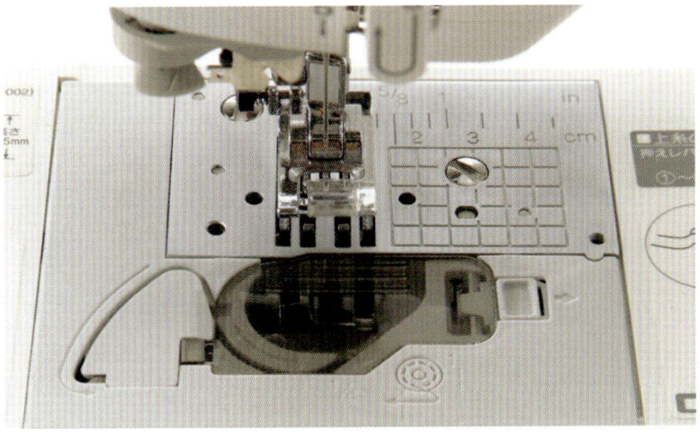

如果縫紉機的針板上刻有導引線，就可以知道線與針的距離。只要使布邊對齊線，就能輕鬆以預期的寬度縫紉。

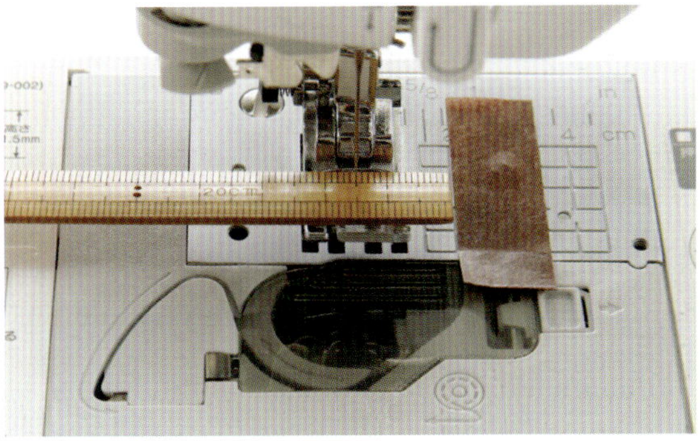

另一個方法是以針為起點用定規尺測量想縫的寬度並貼上護條(Masking Tape)做為導引線。這樣除了可以設定成自己喜歡的長度之外，也比較看得清楚。

縫角落

縫角落雖然要改變方向，但並不需要什麼困難的技巧。只要在針插在布上的狀態下轉動布，就可以縫得很漂亮。

1

一直縫到角的頂點。

2

針一落在角的位置時就暫停機器。抬起壓布腳並把布轉向。

3

放下壓布腳，往前縫紉。

4

角已經縫好了。

縫曲線

不論是和緩的曲線還是陡急的曲線，只要能放慢縫紉的速度就沒問題了。這裡要介紹領圍和袖圍等的曲線縫法。

1

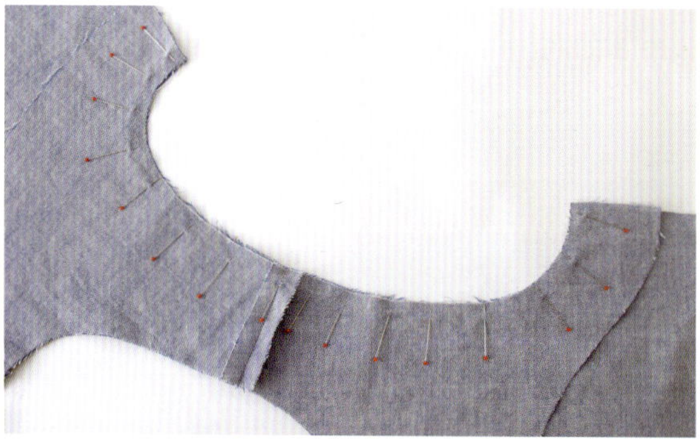

使2片布想要縫合的位置面對面地對齊。珠針要插得稍微密一點，以免位置跑掉。

2

起點先要倒退縫再慢慢往前縫。曲線較急的部分就放下針、抬起壓布腳並稍微轉動布的方向。

3

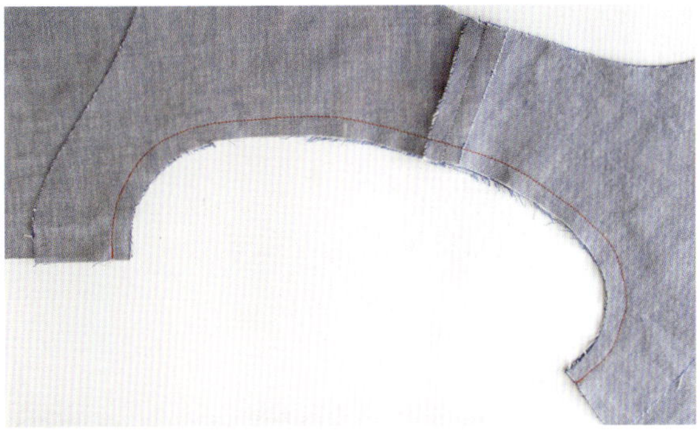

曲線已縫好的狀態。

4

曲線較急的部分就在縫份上以稍密的間隔裁剪垂直於縫目的牙口。
縫份寬度剪齊為0.7cm左右就可以了。

5

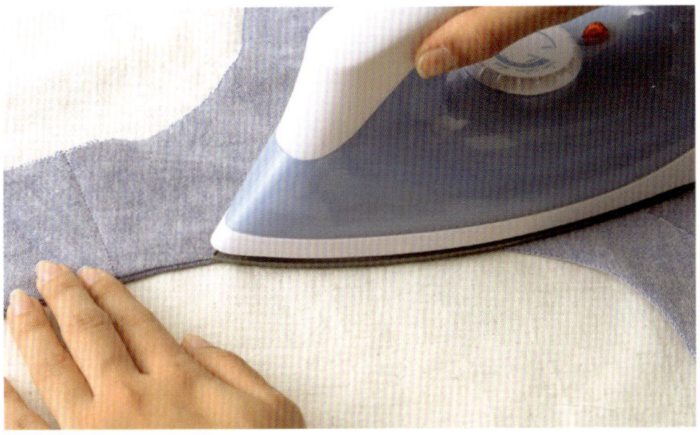

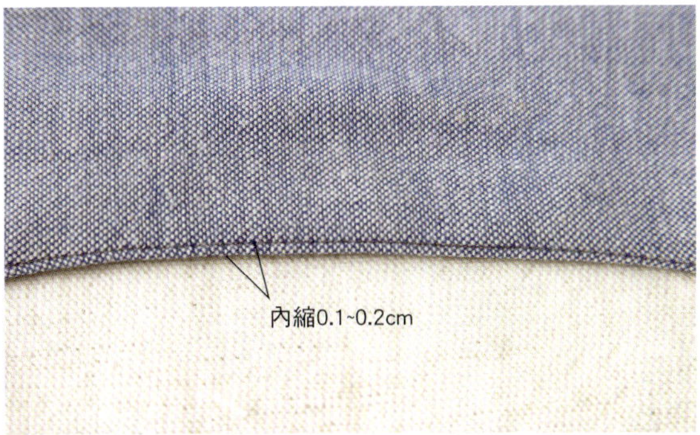

翻回表面後，把指尖插入表布與裡布之間，像是把布推出來似地調整形狀。裡側的布要稍微內縮0.1~0.2cm讓表側看不見縫目，用熨斗確實燙平固定。

6

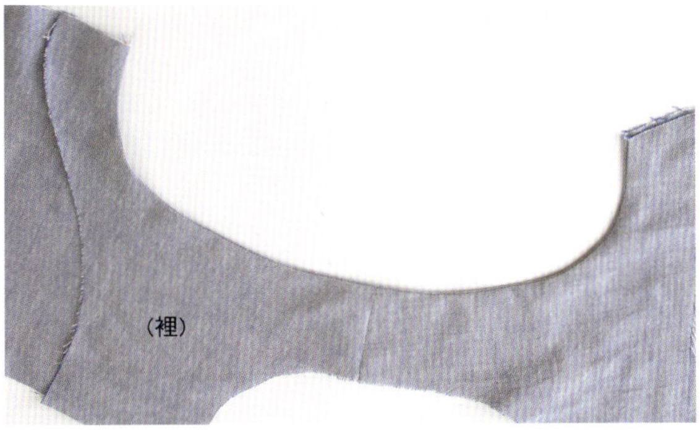

縫好曲線後的裡側。

7

縫好曲線後的表側。

布邊的處理

把縫份攤開

指2片布縫合後用熨斗把縫份分開並燙平。這樣翻回表面後比較看不出痕跡。

1

2片布面對面對齊縫合之後，先熨燙一次使縫目安定。

2

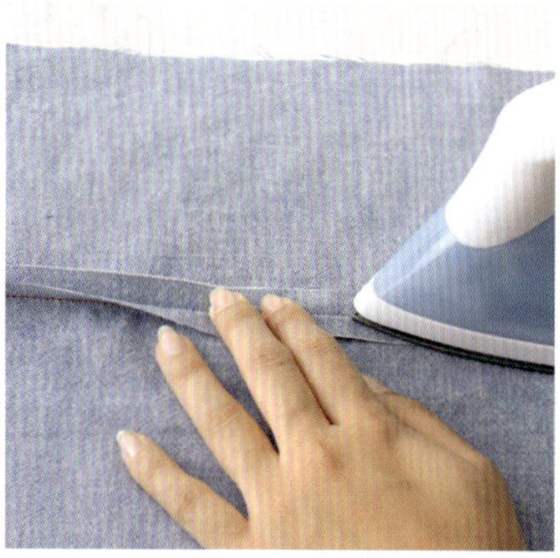

接著把布攤開，邊用指尖把2片縫份布分開邊用熨斗燙平。翻回表面，用熨斗確實把縫線分開。

3

把縫份攤開後的狀態。

使縫份倒下

把2片布縫合，使縫份倒向其中一側。縫線上不要重疊「被」，從表面看時縫線是漂亮的敞開狀態。

1

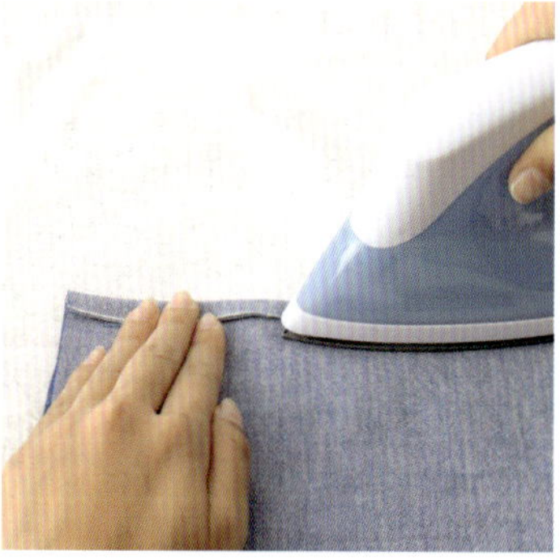

把2片布面對面對齊縫合後先熨燙一次使縫目安定。接著把縫份沿著縫線摺起來並用熨斗燙出摺痕。

2

把布攤開，再用熨斗燙壓一次使摺的部分服貼。翻回表面，再用熨斗仔細燙壓縫線。

3

使縫份往單側倒下後的狀態。

鋸齒狀車縫

補綴縫的一種。利用左右振動的針目縫紉鋸齒狀以防止布邊綻紗。如果是厚布的話，縫在裁邊上也OK。

1

把縫紉機的縫目設定成鋸齒狀。縫份要多留一點，在縫份寬度的末端下針。

2

先倒退縫一針再開始往前縫鋸齒繡。

3

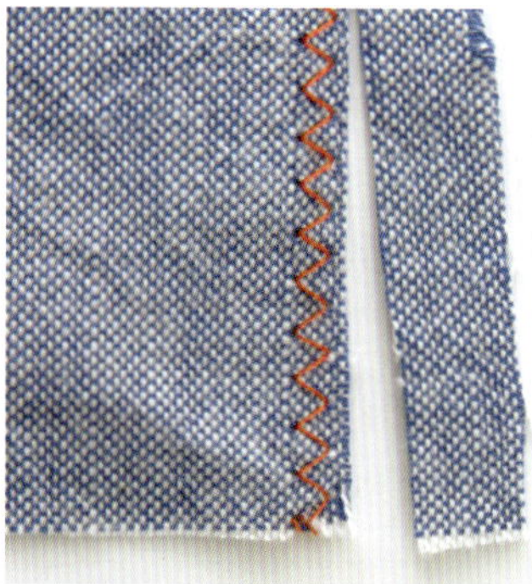

沿著縫線的邊緣剪掉多餘的縫份布。注意不要剪到線。

二 摺

指以預定的寬度把布邊摺成兩層。若裁邊會露出表面，則可利用鋸齒狀車縫防止綻紗。

1

從布邊測量想要摺的寬度並摺起來(使用熨斗定規)，沿著摺山確實燙平。

2

把布邊二摺後的狀態。

三 摺

先把布邊二摺，然後再摺一次讓裁邊不會露出表面，最後利用縫紉把摺山壓平。依不同素材可分為2種方法。

1

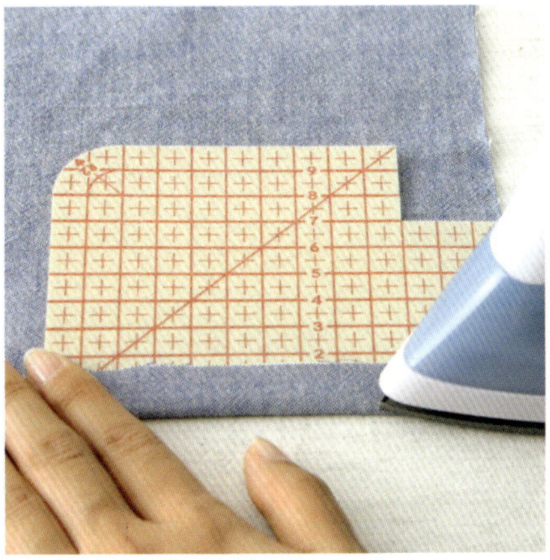

從布邊測量想要摺的寬度並摺起來(使用熨斗定規)。沿著摺山確實燙平。

2

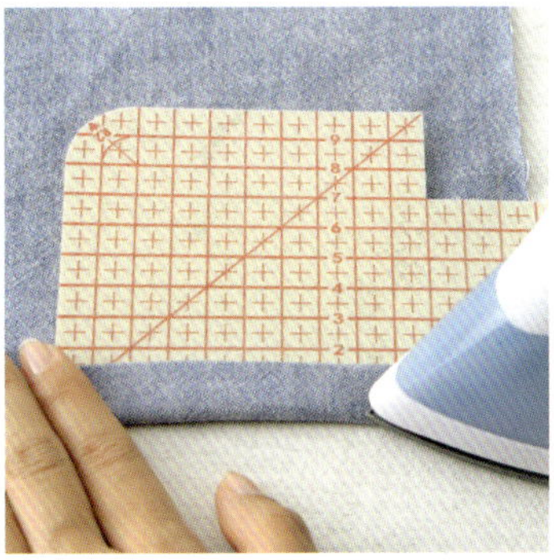

再次從邊緣測量想要摺的寬度並摺起來(使用熨斗定規)。沿著摺山確實燙平。

這是第一次(到裁邊)的摺幅較窄，第二次(到完成線)的摺幅較寬的摺法。可以減少縫份的厚度，適合普通布料及厚布料。

這是兩次摺幅都相同的摺法。也可以先沿著完成線摺起來，然後再摺一半，很簡單。如果作工細一點的話，就算是具透光性的布也會很漂亮。

3

在上側沿著摺山邊緣車縫。

伏縫

沿著縫線往單側倒下並縫紉固定的方法。如果沒有裡布，就把縫份2片一起鋸齒縫，這樣就不會綻紗了。

1

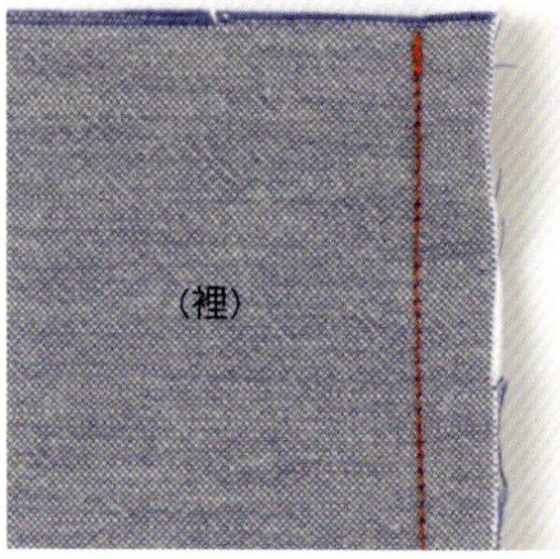

使2片布面對面地對齊，沿著完成線縫合。

2

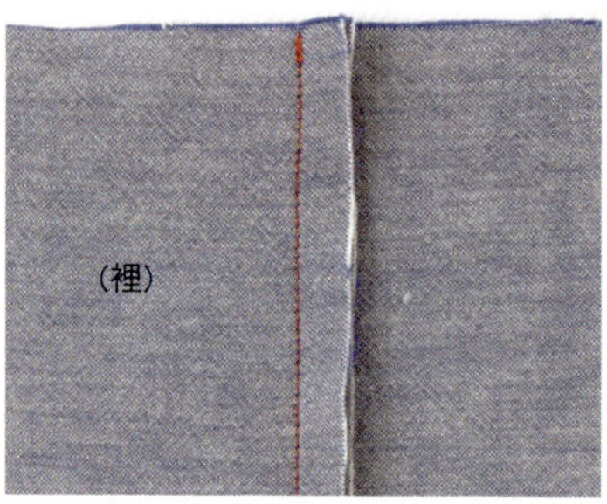

沿著縫線使縫份倒向一側。如果布料較厚，就把藏在底下的那一片縫份剪到0.2~0.3cm左右以減輕厚重感。

3

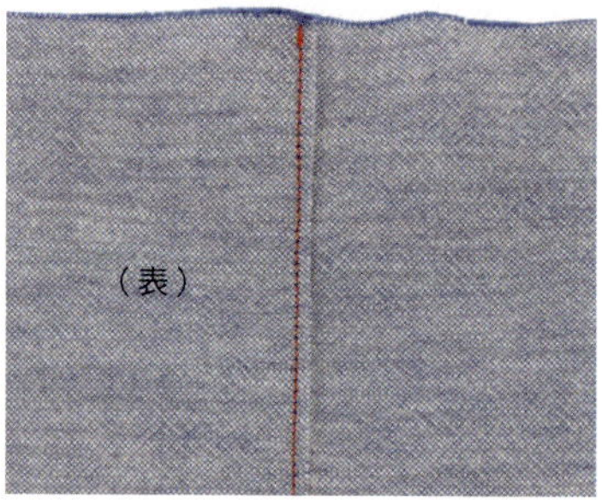

翻回表面，在縫份倒下的那一側車縫。

摺伏縫

把重疊的2片縫份其中一片剪窄一點並用另一片包起來倒向單側，以車縫壓平2片。完成後非常牢固。

1

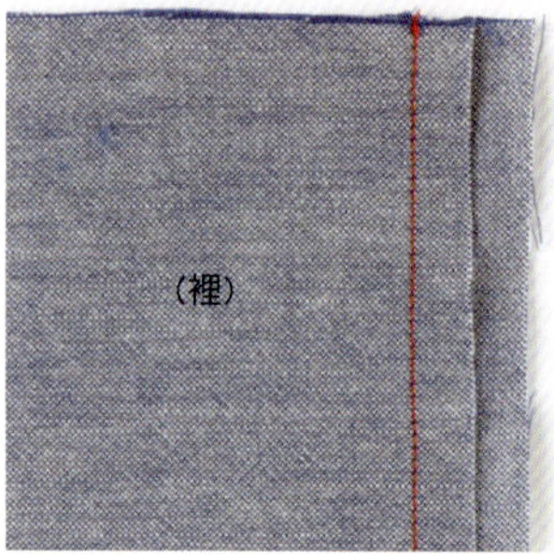

使2片布面對面地對齊，沿著完成線縫合。把藏在底下那一片縫份的寬度剪成一半。

2

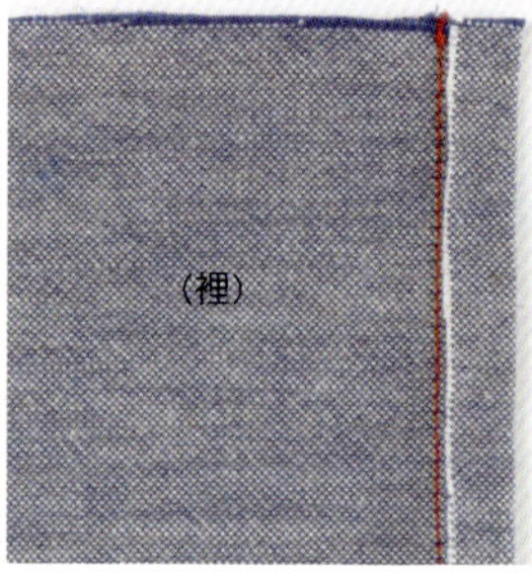

把較寬的縫份摺成一半的寬度，包住**1**剪窄的縫份，沿著縫線摺以遮住裁邊。

3

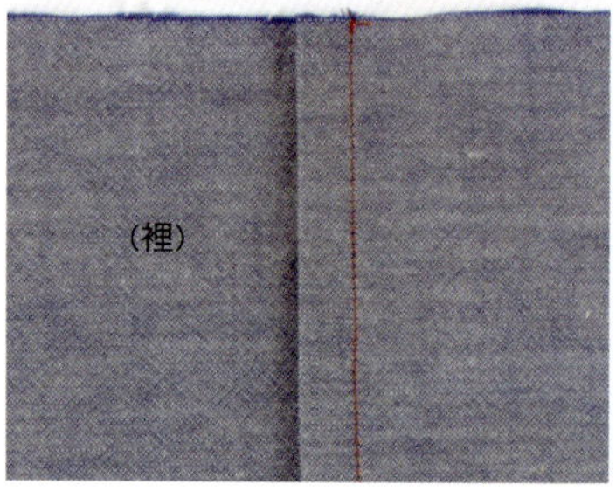

把布攤開，使縫份倒下遮住裁邊。

4

(裡)

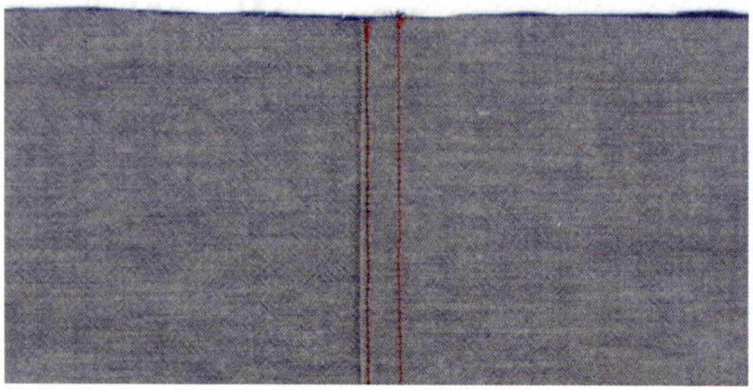

(表)

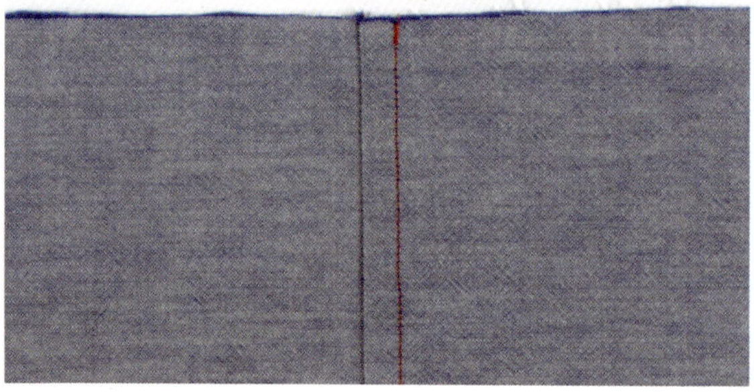

從表側沿著摺山的邊緣車縫，使縫份服貼。完成後非常強韌，適合洗滌頻率高的作品。

袋縫

把布邊用縫份夾起來，縫成袋狀的處理方法。縫份細而牢固，適合薄料、透光布及洗滌次數較多的作品。

1

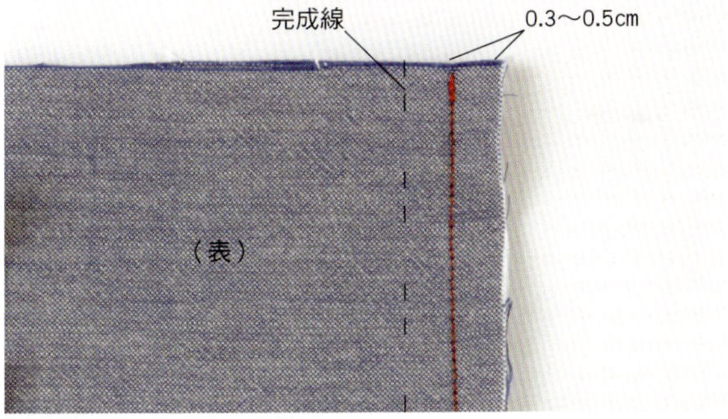

使2片布背對背地重疊，沿著距離布邊0.3~0.5cm的線上縫合。

2

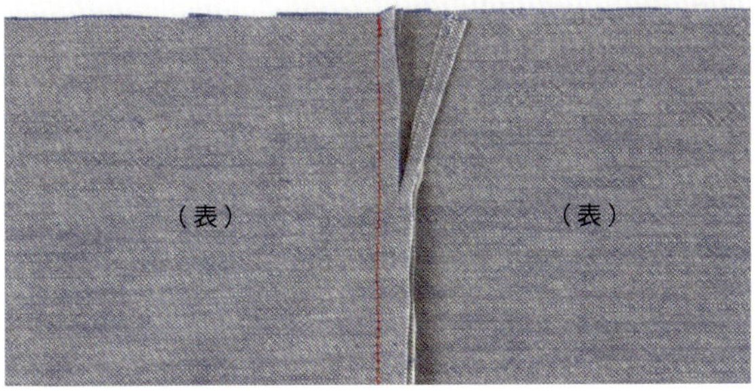

把布邊剪齊以免完成後從表側還看得到布邊。

3

沿著縫線使縫份倒向單側，把布摺成面對面。

4

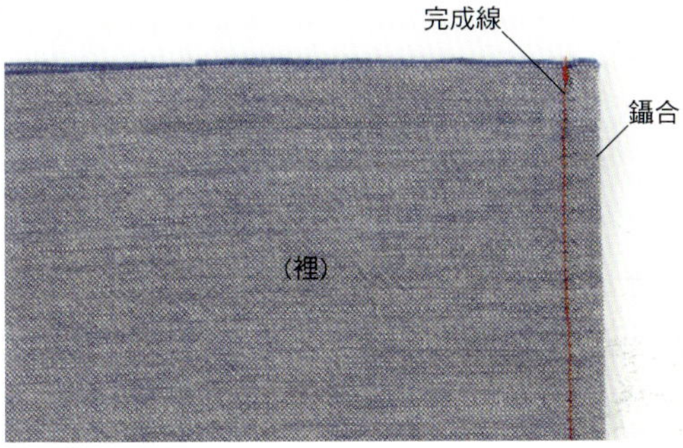

用熨斗整燙形狀，沿著完成線縫合。

5

（裡）

（表）

把布攤開，使縫份沿著縫線倒向單側。縫份細且牢固，適合處理薄布料及具透光性的素材。

斜布條的處理

「斜布條」就是以傾斜的布紋方向裁剪的布條。延展性好且容易服貼，用於布邊及曲線部分的處理及裝飾。

裁剪方法

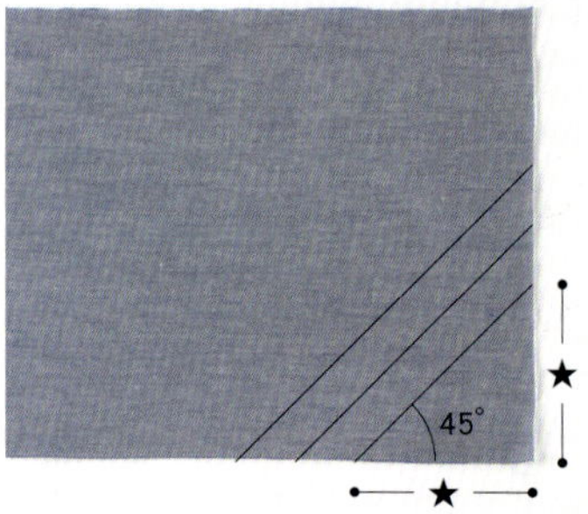

整布後，以相同的縱向及橫向尺寸拉45度的線。裁斷後布條會自然拉長變細，所以請先裁寬一點。

連接方法

1

把布條裁剪成布紋能夠連接的狀態。

2

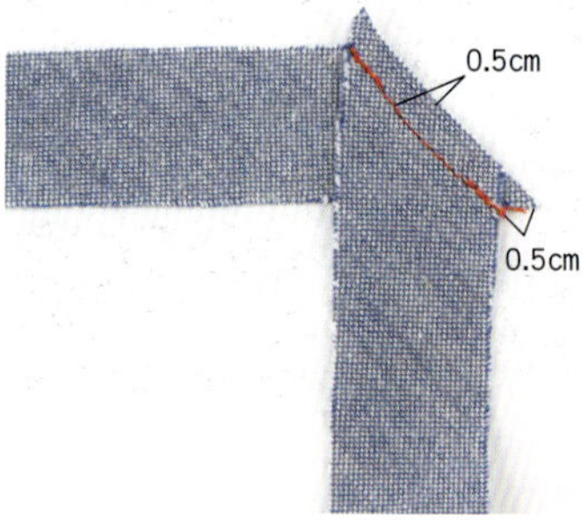

把2片斜布條面對面地擺成直角。錯開兩端的縫份寬度，以0.5cm的縫份縫合。

3

（裡）

（表）

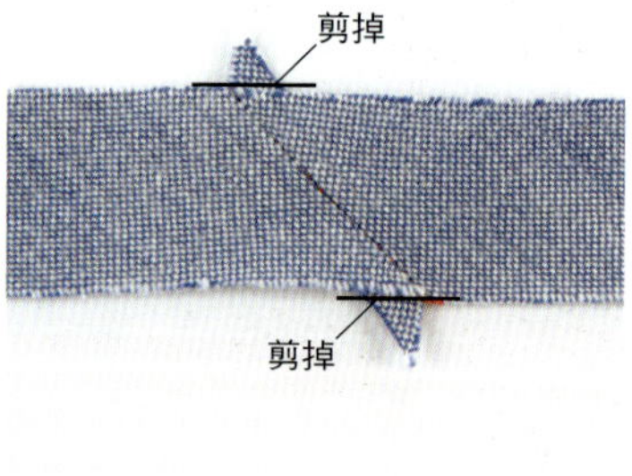

把縫份攤開，把超出布條寬度的角剪掉。

如何製作兩端摺好的斜布條（利用滾邊器）

1

把斜布條的末端插入滾邊器中。

2

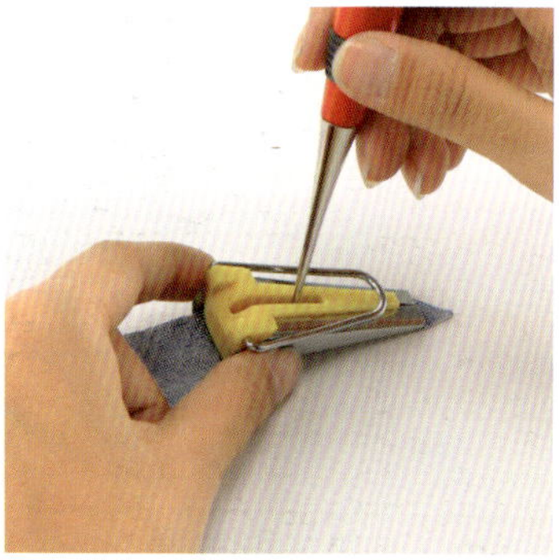

用錐子的尖端一點一點地推，讓斜布條穿過滾邊器。

3

把斜布條從滾邊器的前端拉出來並用熨斗燙壓摺痕。這樣就可以迅速做出等寬的布條。

包邊

1

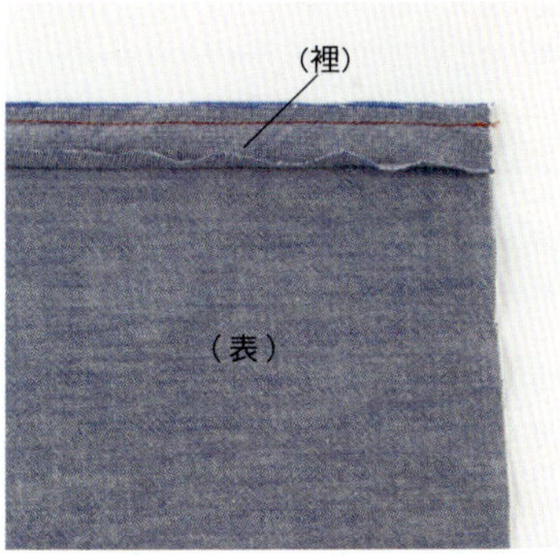

使布和四摺(或二摺)的斜布條面對面地對齊，在距離完成線0.1cm的縫份上縫合。

2

把布條翻回表面包住縫份，用熨斗燙一下。

3

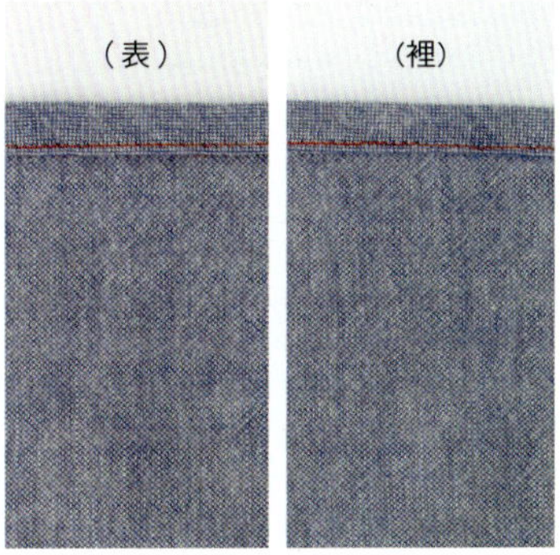

插珠針，沿著布條邊緣從表側車縫。

斜布條的處理

1

使布與四摺(或二摺)的斜布條面對面地對齊，沿著完成線縫合。

2

沿著完成線把布條翻到裡側，用熨斗燙平。使布條與布鑲合或稍微內縮一點。

3

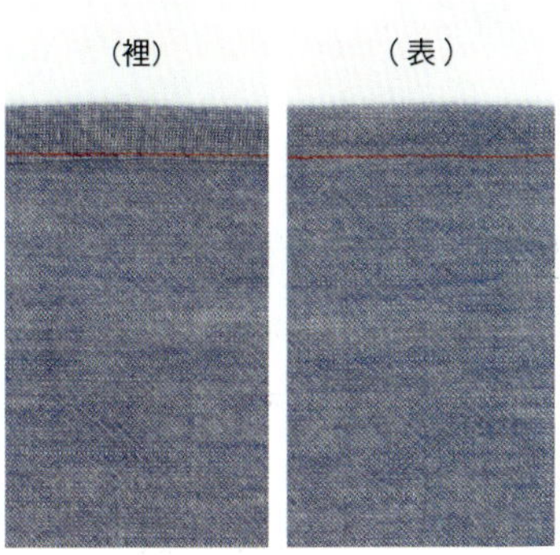

沿著布條的邊緣車縫。

落 機 縫

表側要讓縫目不明顯，裡側則要確實用縫目壓平。除了處理斜布條之外，也能活用在其他作業上。

1

使布與斜布條面對面對齊，沿著完成線縫合。把斜布條翻回表面包住縫份。

2

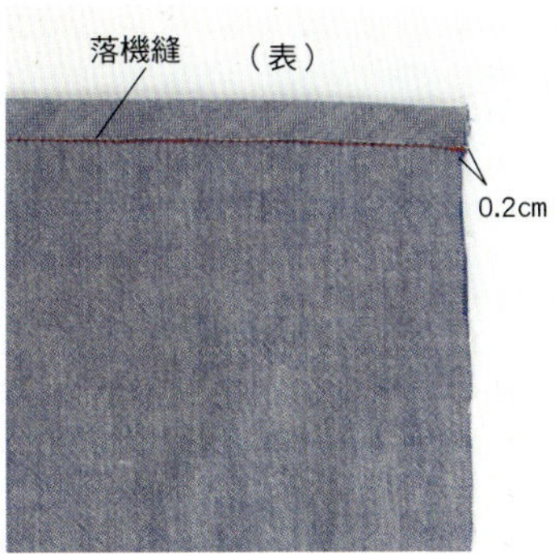

讓布條重疊0.2cm左右遮住縫目並以珠針固定，從表側沿著 **1** 的縫目車縫。

3

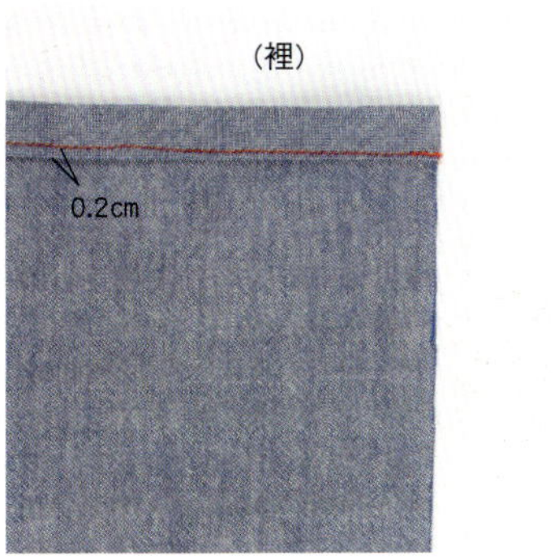

從裡側看是剛好縫在布條邊緣的狀態。

NOUVEAU PLAN
DE
PARIS

Lesson 2

趕快來
做做看吧！

接下來就用自己喜歡的布料挑戰服裝製作吧！
從最基本的直線縫的裙子，
到應用範圍較廣，附有領子和袖子的襯衫，
慢慢提升自己的縫紉技巧。

縐褶裙

製作方法 → 38

美麗的碎花裙，在腰部穿入了鬆緊帶和繩子，做成蓬鬆的輪廓。附有襯裡，不用擔心布料太透明。

變化　加上主題圖案的裙子

把蕾絲片配置在相同顏色的裙子上做成淡淡的裝飾。
棉麻混紡的優雅質感只要加上微妙的變化，
就能既表現出成人的可愛，又不會顯得幼稚。

製作方法→43

→ 36

縐褶裙

材料
表布(細棉布)=110cm寬×160cm
裡布(薄棉布)=90cm寬×130cm
布襯=3×7cm
鬆緊帶=2.5cm寬×75cm(腰圍尺寸+4cm)

縫製方法順序
1 參照裁剪方法圖裁剪布片。
2 使前、後裙片的表布相互對齊，縫合脇邊。
3 使前、後裙片的裡布相互對齊，縫合脇邊。
4 縫製腰帶。
5 將腰帶與裙部的表、裡縫合。
6 做繩子，在腰帶中穿入鬆緊帶和繩子。
7 處理下擺，做線環。

成品尺寸-size
裙長 S~LL=67cm

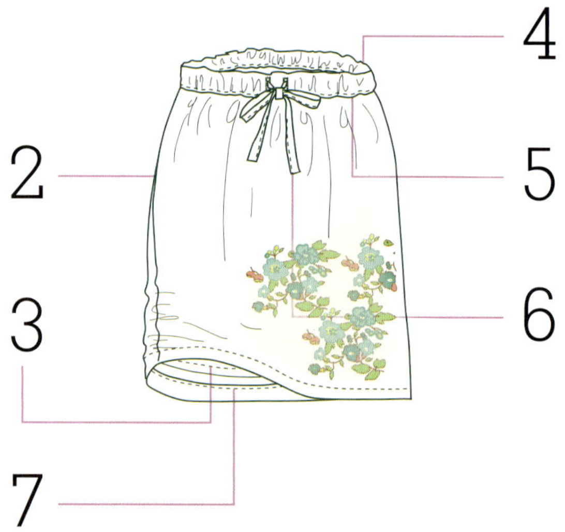

1 裁剪方法圖

裙子表布（印花布）

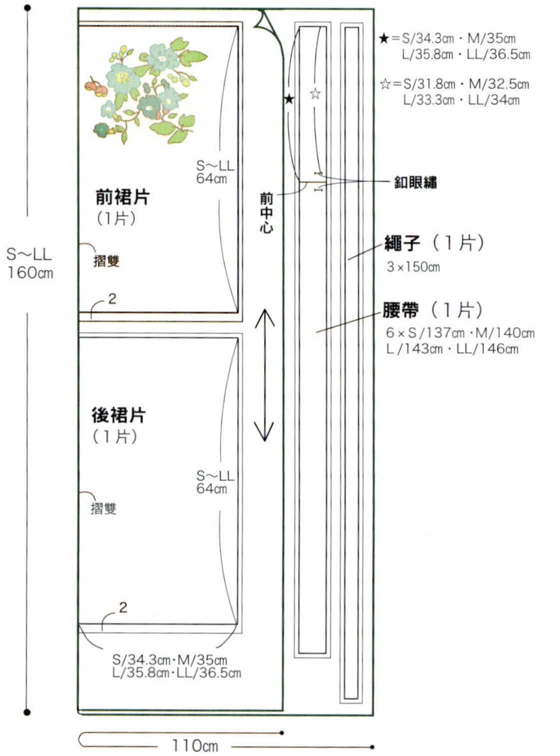

裙子裡布（素布）

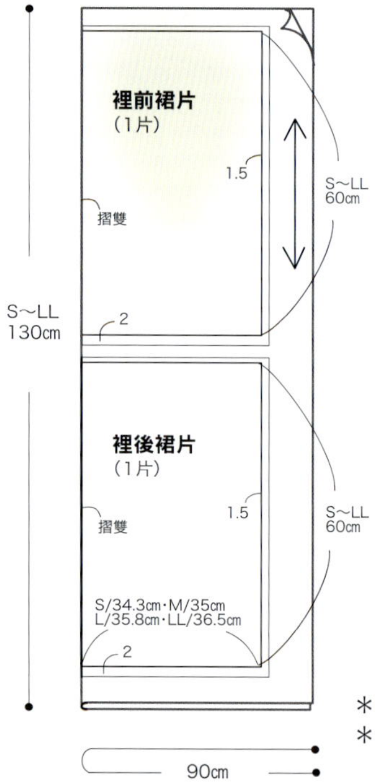

＊除指定以外縫份皆為1cm
＊布為背對背摺疊

2 縫合表裙片的脇邊

1

使表側的前、後裙片面對面地對齊，用珠針固定兩脇。

2

縫合兩脇，縫份2片重疊在一起做鋸齒縫。使縫份倒向後裙片那一側。

3 縫合裡裙片的脇邊

1

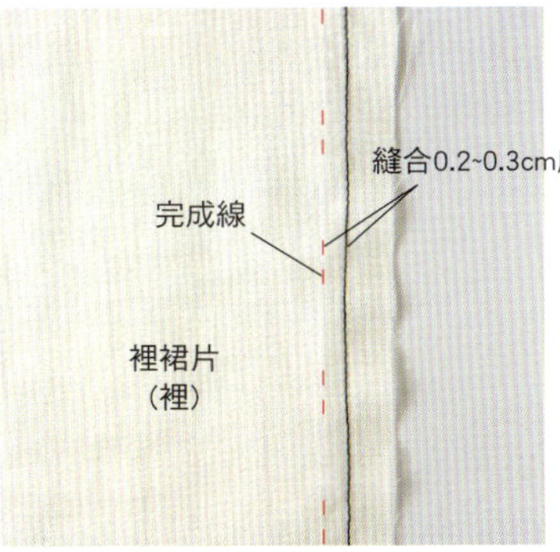

使裡側的前、後裙片面對面地對齊，在距離兩脇完成線0.2~0.3cm的縫份上縫合。

2

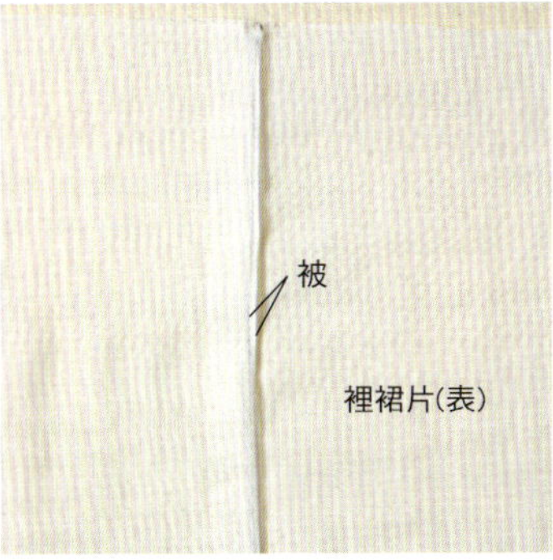

把縫份沿著完成線摺起來，要加上「被」，往後裙片那一側倒下。縫份2片重疊在一起做鋸齒縫。

4 縫製腰帶

1

在腰帶裡側的布表畫一個稍後要穿繩子用的釦眼的記號。

2

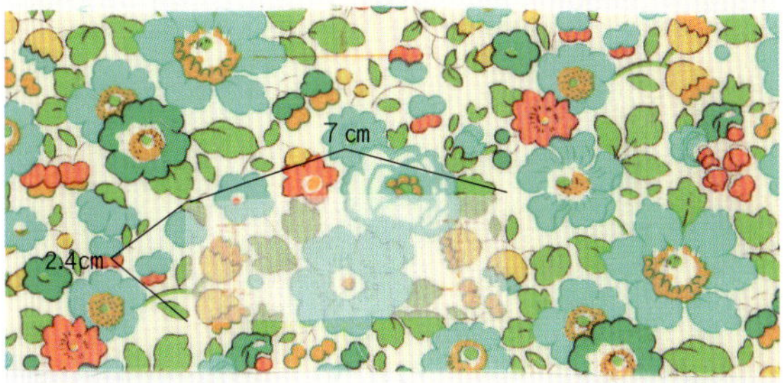

剪下2.4×7cm的布襯，蓋在腰帶裡側布表的繩子穿口記號上並燙貼好。

3

換成釦眼繡專用的壓布腳，在繩子穿口的位置縫1.5cm長的釦眼繡。

4

在釦眼繡的切口兩端插珠針，這樣就不會切過頭了。用釦眼鑿在釦眼繡的中心開孔。

5

用拆線器把釦眼繡的孔切割到終點。

6

使腰帶的脇邊相互對齊，面對面地摺起來。縫合成環狀並在內側那一面留下鬆緊帶穿口。

7

把縫份攤開，在鬆緊帶穿口的周圍從表側車縫做為補強。

5 將腰帶與裙部縫合

1

把裡裙片翻回表面，使表裙片與裡裙片背對背地對齊。

2
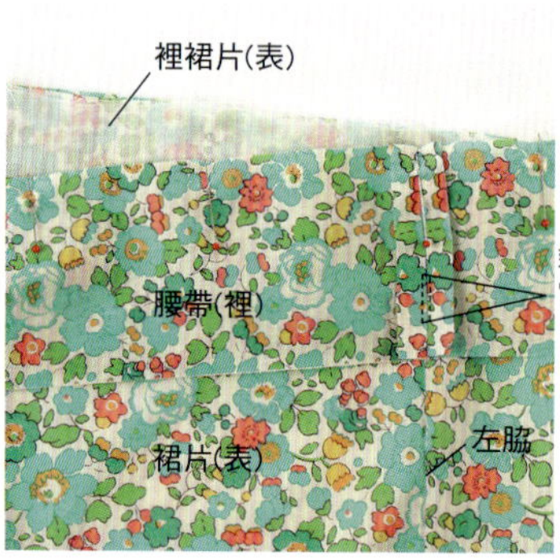

使表裙片與腰帶面對面地對齊，鬆緊帶穿口則對齊左脇。

3

縫腰部，把腰帶翻過來，縫份往腰帶那一側倒下。

4

把腰帶的縫份先摺0.8cm，再摺3.2cm，用熨斗確實燙平。

5

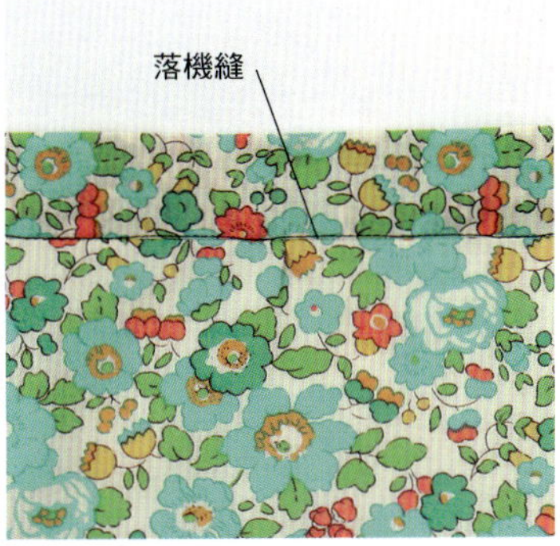

從表側以落機縫縫合於表裙片。不要從腰帶裡側的摺山處下針。

6 製作繩子，在腰帶內穿入鬆緊帶和繩子

1

先把繩子的縫份摺1cm，然後再對摺成1.5cm寬，用熨斗確實燙平。

2

末端往裡側摺1cm。

3

把摺好的末端暫時攤開，再重新交互地摺好。

4

把除了摺雙那一側的3邊縫合，這樣繩子就完成了。

5

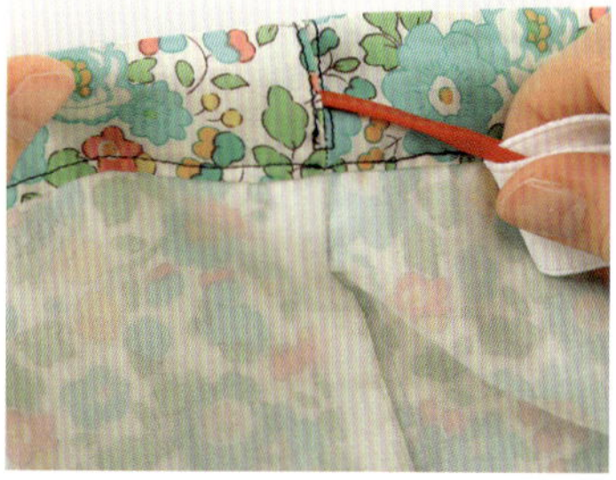

利用穿帶器從腰部左脇的鬆緊帶穿口穿入鬆緊帶。

6

使鬆緊帶的兩端重疊2cm左右並縫合。

7

利用穿帶器從腰部的繩子穿口穿入繩子。

7 處理下擺，縫上線環

1

以1cm的寬度將表裙片的下擺三摺。

2

沿著摺山上側的邊緣車縫。

3

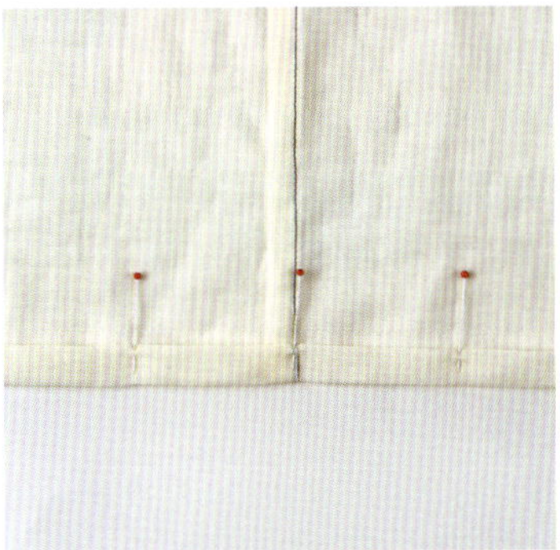

以1cm的寬度將裡裙片的下擺三摺。

4

沿著摺山的邊緣車縫。縫製線環，渡線到表裙片上。

裡布(裡)

線環的製作方法(使用手縫線)

1

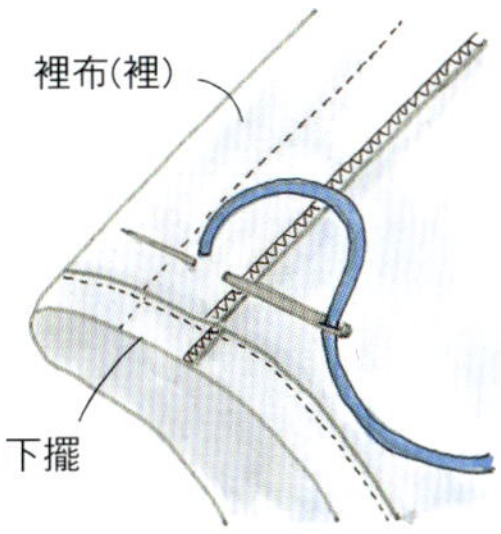

把線穿出在從裡裙片的下擺裡側，做一次回針縫。

2

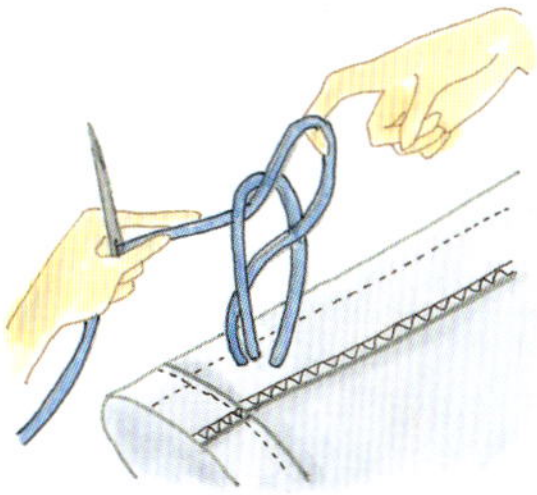

用針線做一個環，從**1**的渡線底下穿過去，形成鎖針。

3

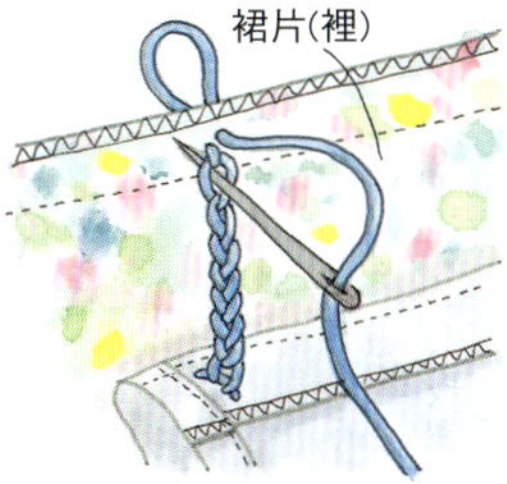

重複**2**，編至3cm左右的長度。在表裙片上找到平行的位置，把針從脇邊縫合線的邊緣穿過去使線固定。縫一次回針縫並打結。

變化　加上主題圖案的裙子

→ 37

以非對稱的方式縫上蕾絲片

準備2種能與裙子顏色搭配的蕾絲裝飾片。針織物的細緻表情能為簡單典雅的裙子加入恰到好處的變化。

在裙子上選擇自己喜歡的位置，沿著蕾絲片的周圍縫合。針織物很容易被鉤起來，所以要縫得細一點，這樣比較安心。用手縫線來縫。

利用圓形與四角形的併排營造趣味性。配置時要與**1**的蕾絲片取得平衡。同樣是沿著周圍縫合。

簡易長褲

製作方法 → 46

以剛剛好的質量垂落下來，穿起來既舒適又自在的樸素長褲。脇邊及後側都有口袋，功能性沒話說。

變化　褲管反摺的長褲

把褲管反摺並用布條固定，輕便感瞬間加倍。
色調明朗的細格子棉布給人清爽的印象。
再加上流行的吊帶，讓簡易長褲換上新的面貌。

製作方法→53

→ 44

簡易長褲

材料
表布(棉質青年布)=110cm寬×270cm
牽條襯=1.5cm寬×40cm
布襯=3×5cm
鬆緊帶=0.8cm寬×75cm(腰圍尺寸+4cm) 3條

縫製方法順序
1 參照裁剪方法圖裁剪布片。
2 製作後口袋，縫在後褲片上。
3 把側口袋的袋布縫在前褲片上。
4 使前、後褲片相互對齊，縫合脇邊及股下。
5 使左、右褲片相互對齊，縫合股上。
6 製作腰帶及腰帶環。
7 將腰帶與褲片縫合。
8 製作繩子，在腰帶內穿入鬆緊帶和繩子。
9 處理下擺。

成品尺寸-size
褲長　S＝101.4cm、M＝101.8cm、L＝102.4cm、LL＝102.8cm

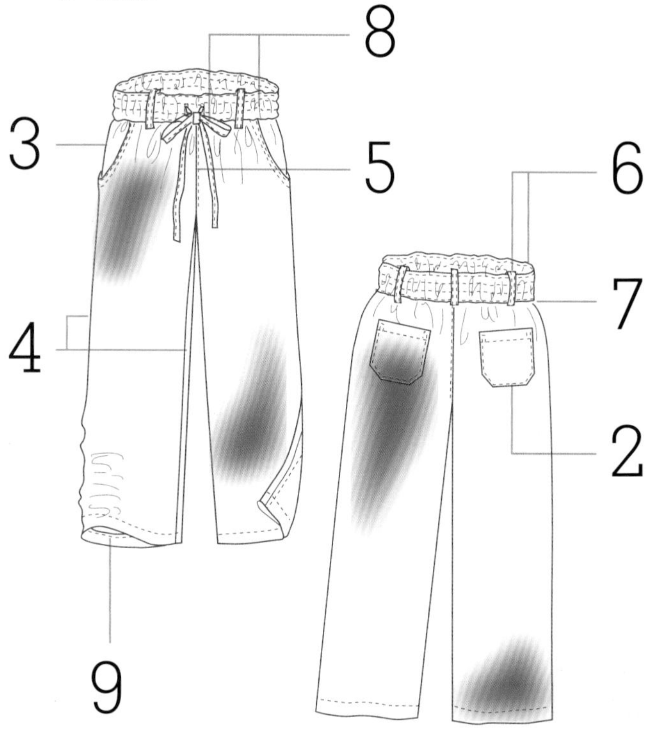

1 裁剪方法圖

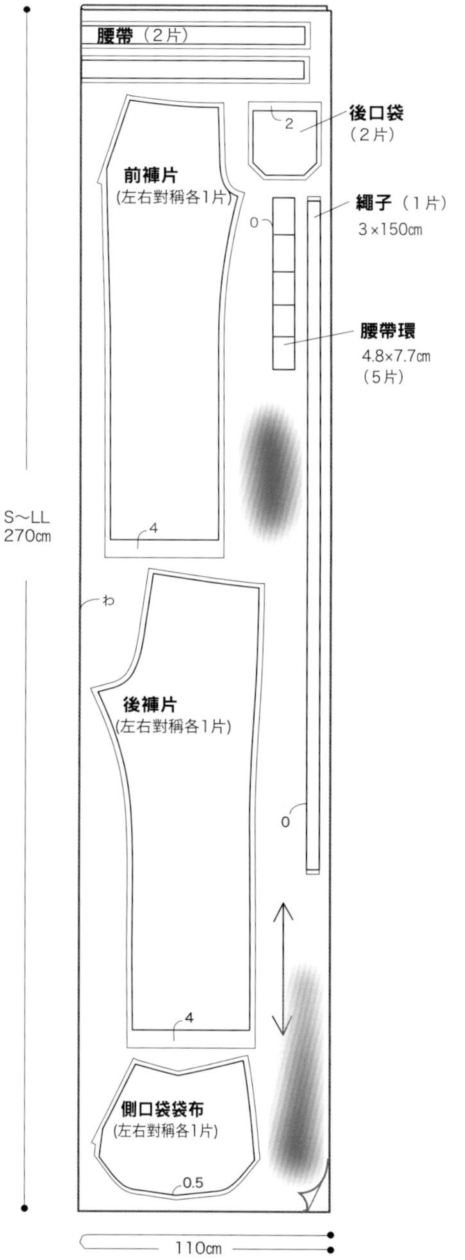

＊除指定以外縫份皆為 1cm
＊布為背對背摺疊

實物大紙型B面〔1〕

1／前褲片 2／後褲片 3／腰帶
4／側口袋袋布 5／後口袋

2 製作後口袋，縫在後褲片上

1

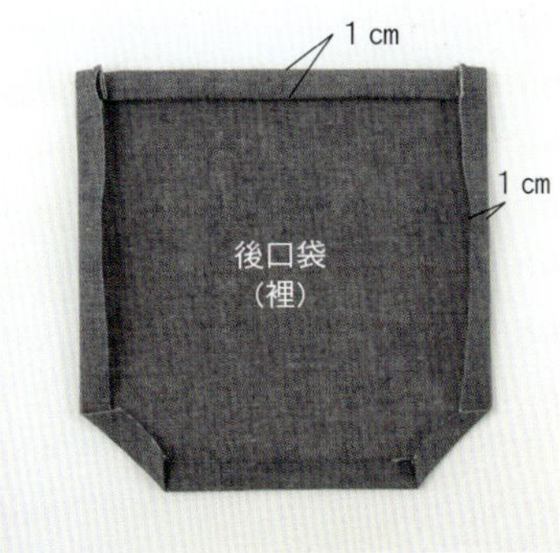

以1cm的寬度把後口袋的上端三摺，其他各邊則以1cm的寬度二摺，用熨斗確實燙平。

2

縫紉距離上端0.8cm的位置，對齊後褲片的口袋預定位置擺好並疏縫固定。

3

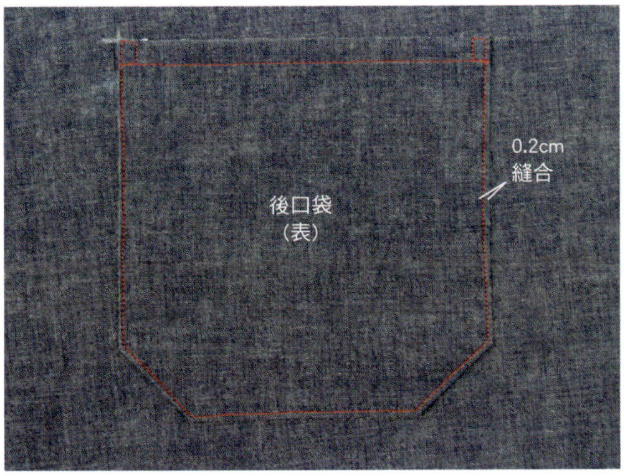

沿著口袋摺山的邊緣縫合，縫在後褲片上。口袋口的兩端要加上補強作用的四角縫。

※左右兩邊的做法相同。

3 把側口袋的袋布縫在前褲片上

1

牽條襯要準備口袋口長度+1cm共2片。用熨斗燙貼在前褲片口袋口的縫份上。

2

使前褲片與側口袋袋布的口袋口面對面對齊。

3

沿著口袋口的完成線縫合。

4

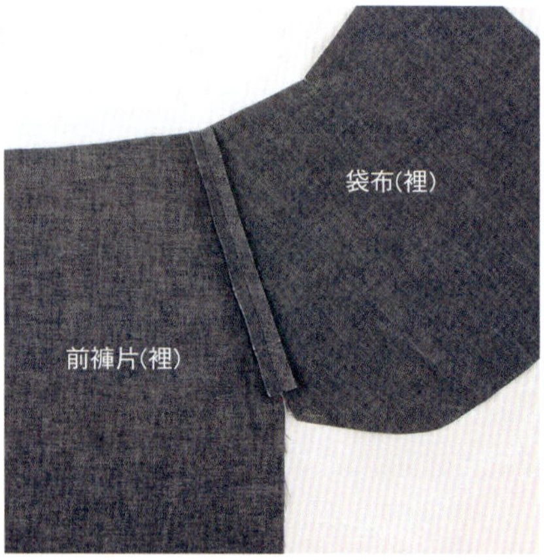

把縫份攤開，沿著摺線把袋布摺成一半，使下端對齊。

5

取0.5cm縫份將袋布的下端縫合。把縫份剪齊為0.3cm。

6

把袋布翻到裡側。

7

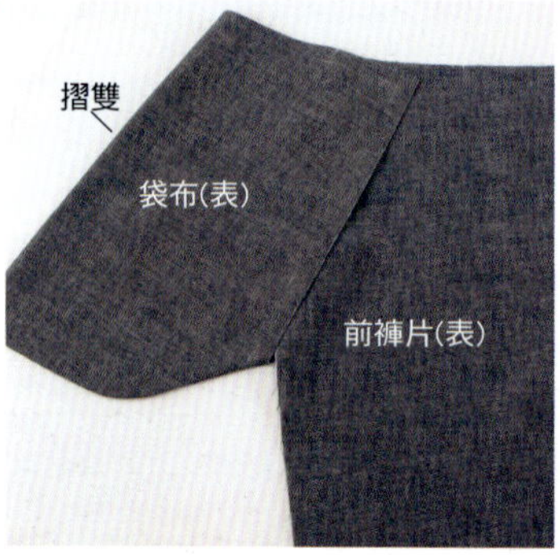

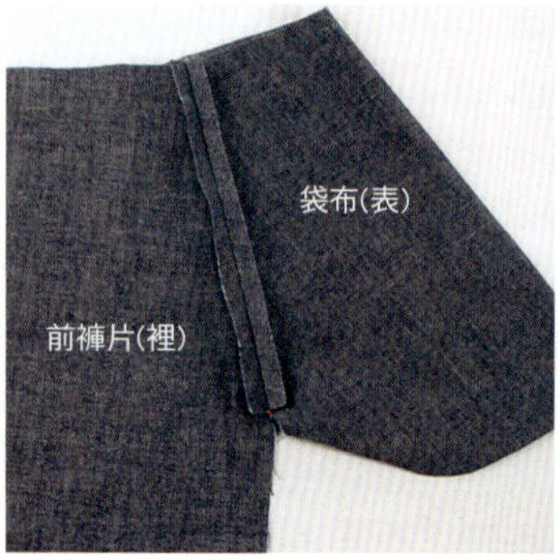

用熨斗整燙形狀，取0.5cm縫份將袋布的下端縫合。

8

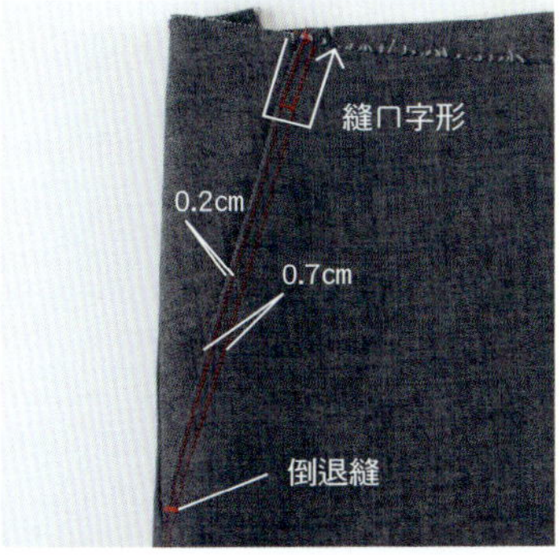

把口袋口摺起來，只在口袋口的部分縫2道。與前褲片以完成線重疊，同時把上下兩端像照片中這樣縫合。

※左右兩邊的做法相同。

4 使前、後褲片相互對齊，縫合脇邊及股下

1

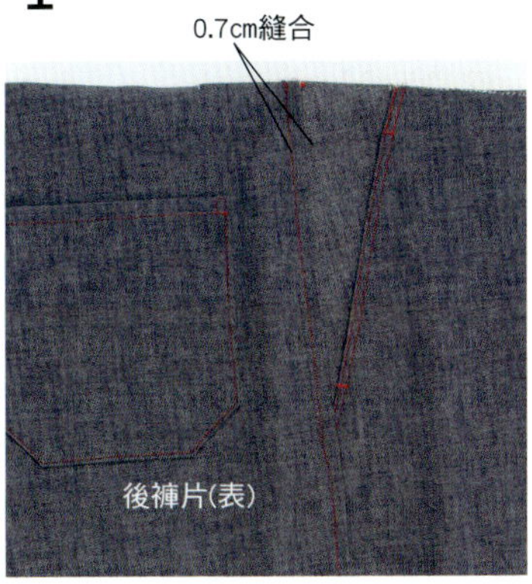

使前、後褲片面對面地對齊，縫合脇邊，縫份2片重疊在一起做鋸齒縫。使縫份倒向後側並縫合。

2

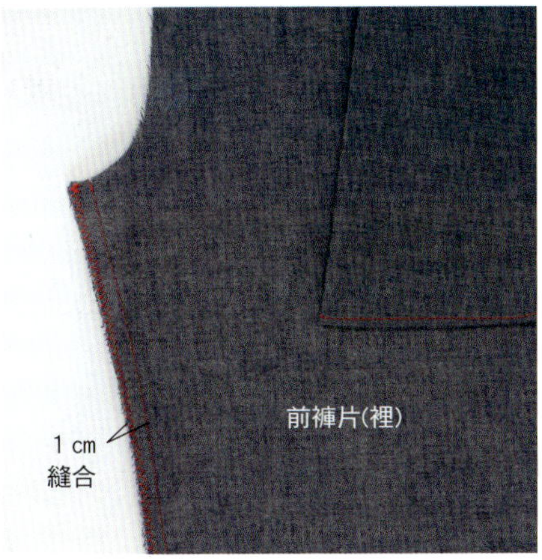

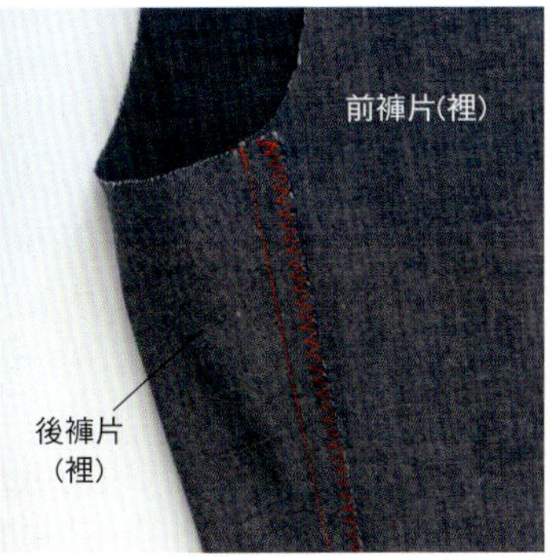

使前、後褲片面對面地對齊，縫合股下，縫份2片重疊在一起做鋸齒縫。使縫份倒向前褲片那一側。

5 使左、右褲片相互對齊，縫合股上

1

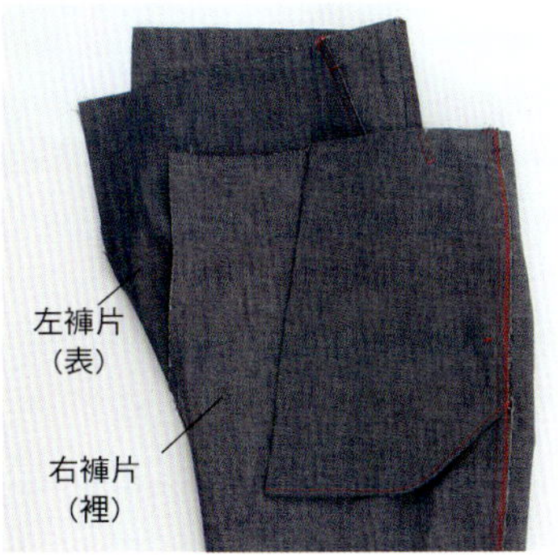

使左、右褲片面對面地對齊。把其中一側的褲管翻到表面並放入另一側的褲管內。

2

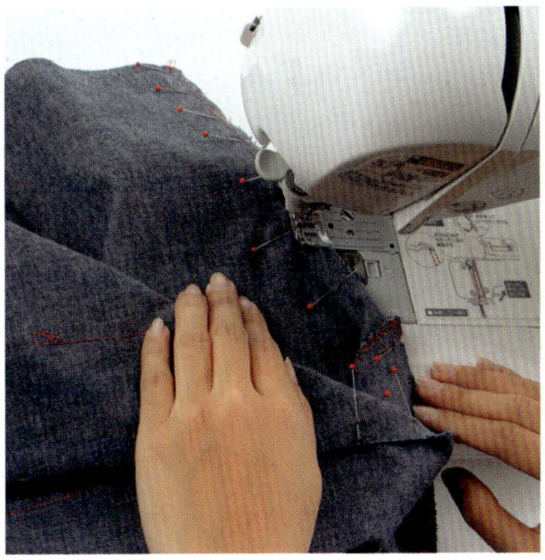

使股下對齊，用珠針以稍密的間隔固定，縫合股上。股上要重疊縫2次做為補強。

3

縫份2片重疊在一起做鋸齒縫，往左褲管那一側倒下。

6 製作腰帶及腰帶環

1

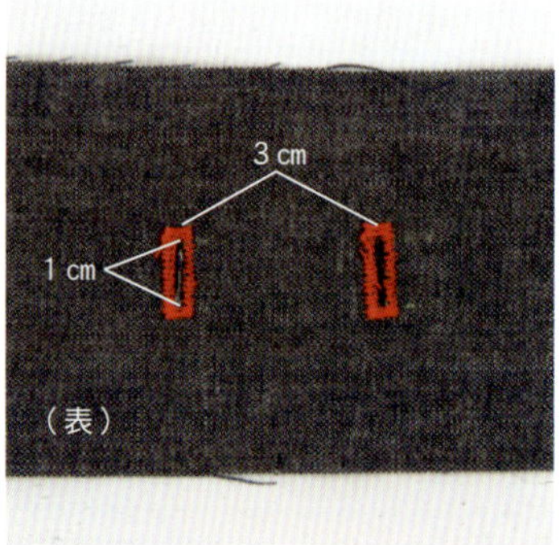

在表腰帶的繩子穿口裡側燙貼5×2.3cm的布襯，鑿1cm長的釦眼。(參照P.39、P.40・製作方法4)

2

使表腰帶面對面地對齊，縫合兩端。裡腰帶則留下鬆緊帶穿口縫合。兩者都要把縫份攤開。

3

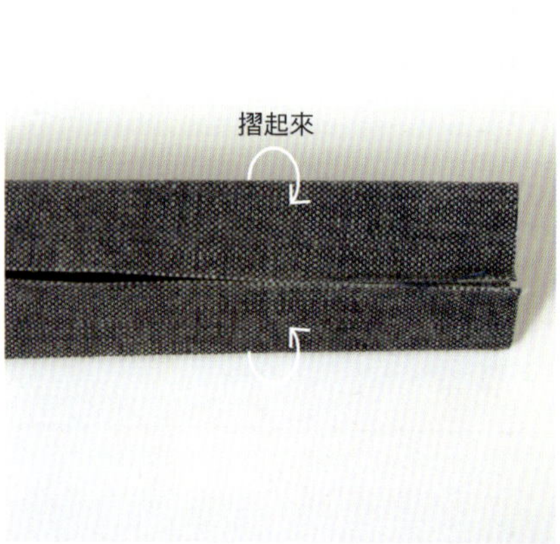

以1.2cm的寬度將腰帶環四摺，沿著兩端的摺山邊緣車縫。

4

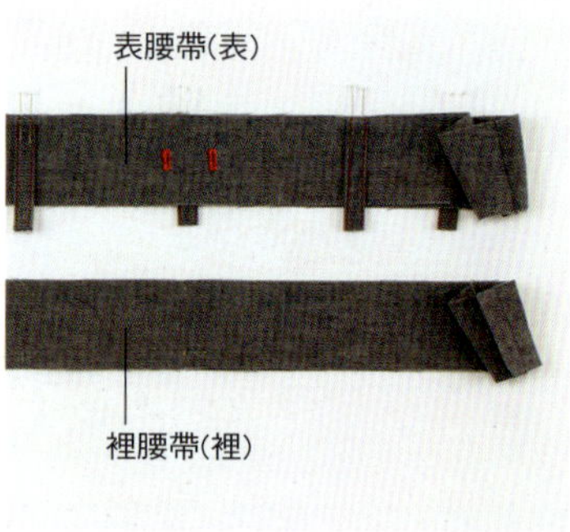

在表腰帶的腰帶環預定位置疏縫腰帶環，與裡腰帶面對面地對齊。

5

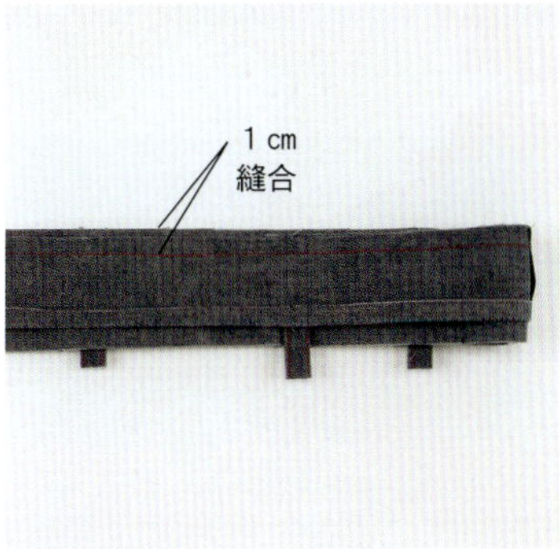

把腰帶的上端縫合。裡腰帶的下端要先以1cm的寬度二摺。

6

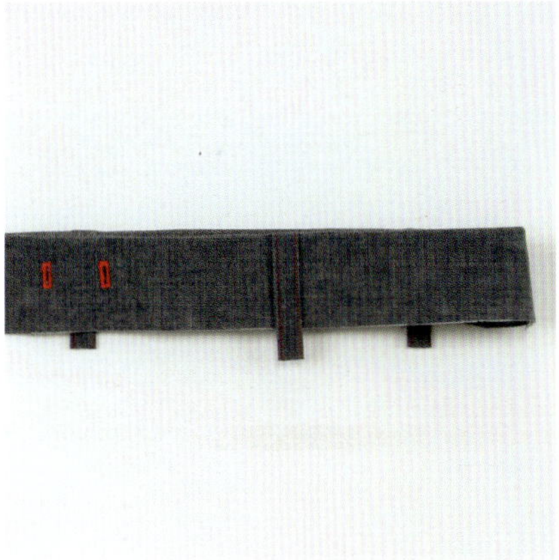

翻回表面，使縫目線鑷合並整理形狀。

7 將腰帶與褲片縫合

1

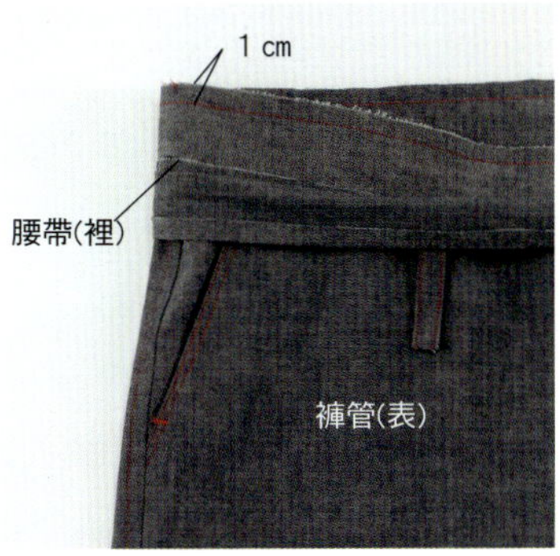

將庫管的上端與表腰帶的下端面對面對齊縫合。鬆緊帶穿口則對齊左脇。

2

把腰帶翻回表面並整理形狀，沿著腰帶下端的邊緣縫合。上端摺山的邊緣也要縫。

3

在上端縫線的下方以1.2cm、1.4cm及1.2cm的間隔縫2道縫線。

4

使腰帶環倒下，縫在下端的預定位置上。

5

使腰帶環稍微往下擺側倒下並壓縫以便遮住**4**的縫線及布端。

8 製作繩子，在腰帶內穿入鬆緊帶和繩子

1

以0.8cm的寬度把繩子四摺並縫合。(參照P.41・製作方法6)

2

從裡腰帶左脇的鬆緊帶穿口一條條地穿入鬆緊帶，共計3條。末端重疊2cm左右並以四角縫固定。

3

從表腰帶的繩子穿口穿入繩子。

9 處理下擺

4

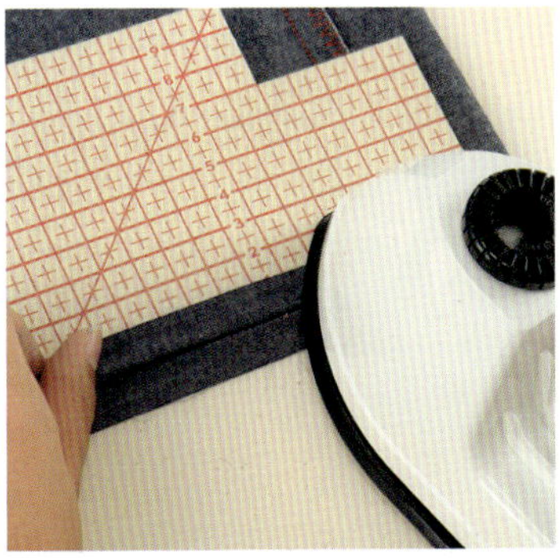

把下擺以1cm、3cm的寬度三摺。

5

在摺山上側的邊緣縫合。

變化　褲管反摺的長褲

→ 45

加上反摺的固定布條及吊帶

把充滿流行感的吊帶和反摺設計加到簡易長褲裡頭。
兩種都是用鈕釦來固定，穿起來舒適，做起來也簡單。

1

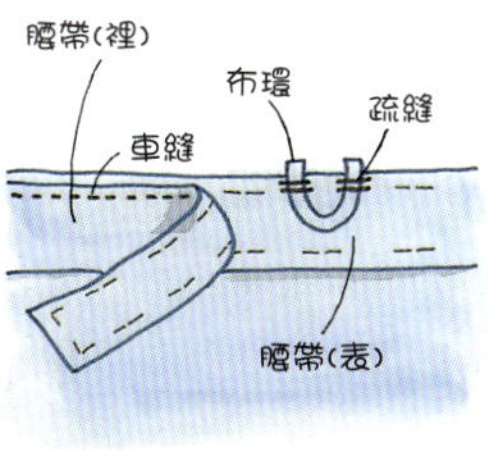

做4條0.4cm寬的布環(參照P.74)。使表、裡腰帶面對面地對齊，在布環的預定位置夾入布環的兩端並疏縫。

2

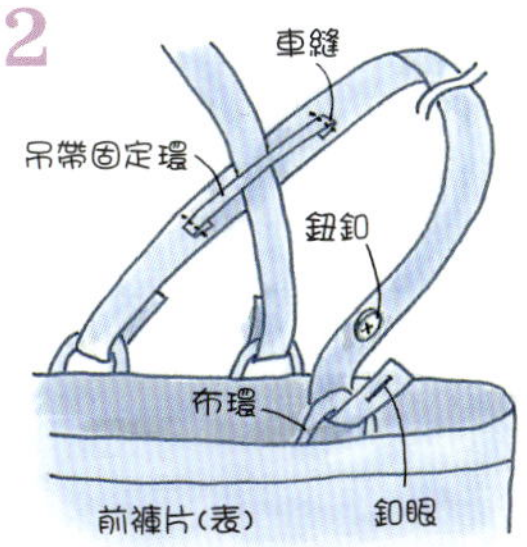

製作2條吊帶(參照P.41)，在兩端開釦眼。在左吊帶的裡側縫上0.7cm寬的吊帶固定環。

3

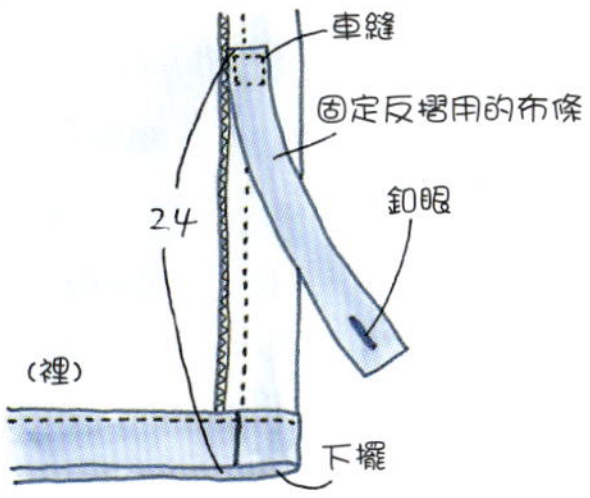

製作2條固定反摺用的布條(參照P.41)，分別在2條布條的其中一端開釦眼。縫在褲管裡側的脇邊。

4

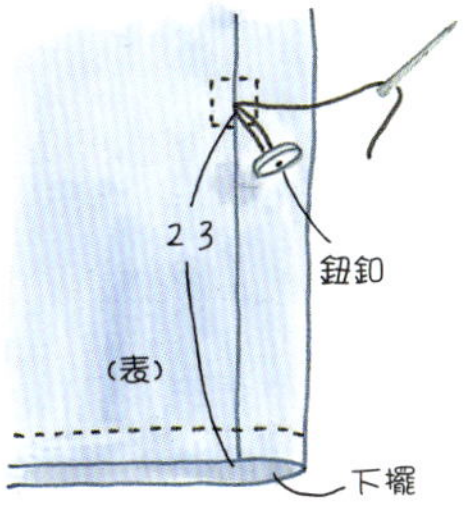

把褲管翻回表面。在布條縫合位置的裡側用手縫線縫上鈕釦。

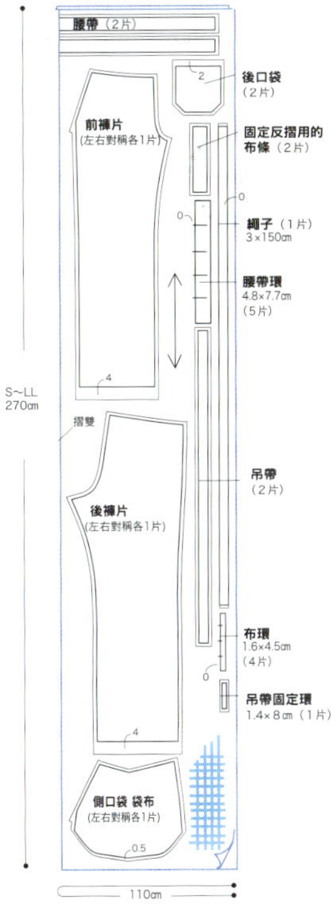

實物大紙型B面〔2〕
1／前褲片 2／後褲片 3／腰帶
4／側口袋袋布 5／後口袋
6／吊帶 7／吊帶固定環

無袖連身裙

製作方法 → 56

下擺展開幅度較小的連身裙，領圍和袖圍以貼邊方式處理的無內裡結構。後側有拉鍊，穿脫都很方便。

變化　圓貼邊領連身裙

在領圍部分加入改換線並縫製貼邊領。
以斜紋方向裁剪格子布，加入新鮮感。
多重穿搭也不錯，休閒正式都適合，絕對是衣櫥裡的必需品。

製作方法→65

→ 54

無袖連身裙

材料
表布(棉麻混紡)=110cm寬×200cm
布襯=90cm寬×70cm
隱藏式拉鍊(灰白色)=56cm 1條
裙鉤=1組
手縫線

縫製方法順序
1 參照裁剪方法圖裁剪布片。
2 在前、後貼邊上燙貼布襯，縫合肩部。
3 縫前身頃的褶子，縫合肩部。
4 使身頃與貼邊相互對齊，縫領圍及袖圍。
5 在後側中心裝拉鍊。
6 使前、後身頃相互對齊，縫合脇邊。
7 處理下擺。
8 縫裙鉤。

成品尺寸-size
全長　S～LL＝92cm

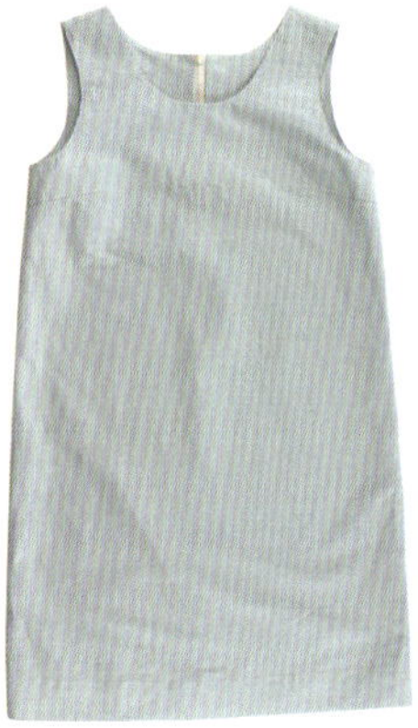

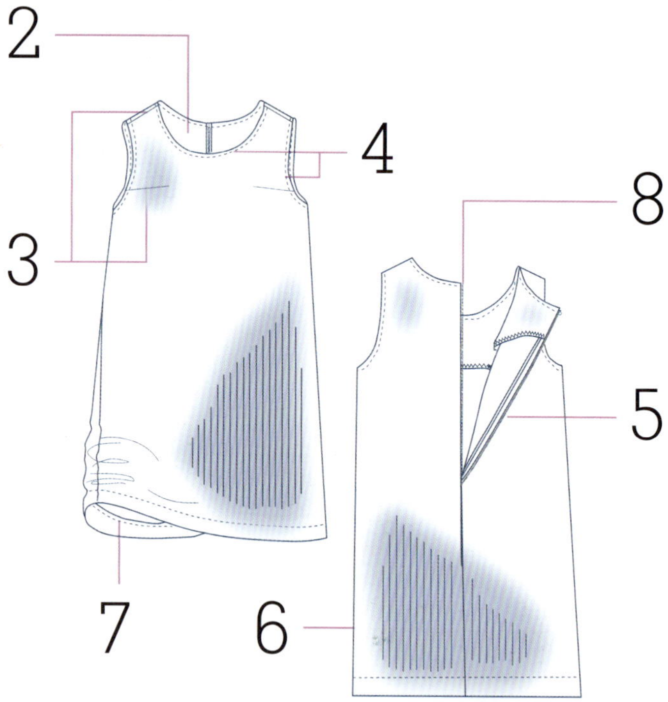

1 裁剪方法圖

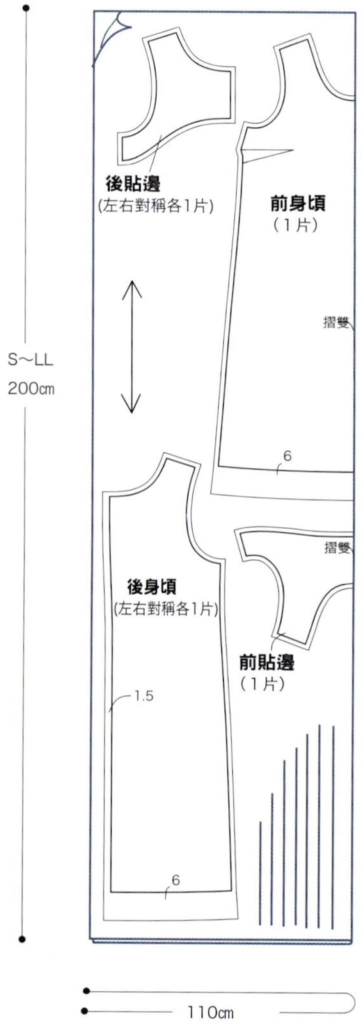

＊除指定以外縫份皆為 1cm
＊布為背對背摺疊

實物大紙型A面〔3〕

1／前身頃 2／前貼邊
3／後身頃 4／後貼邊

2 在貼邊上燙貼布襯，縫合肩部

1
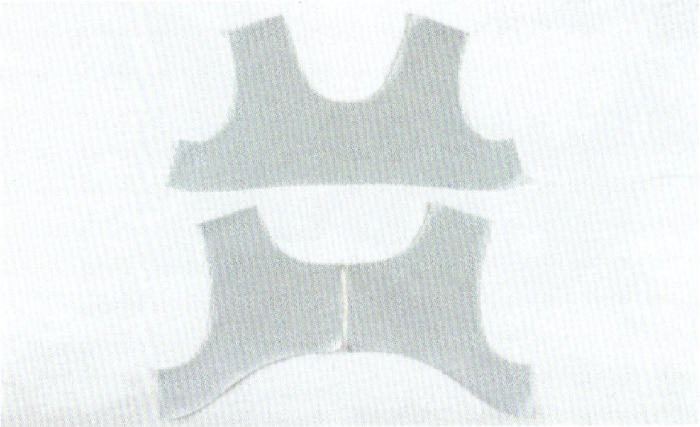
在前、後貼邊的裡側燙貼布襯。

2
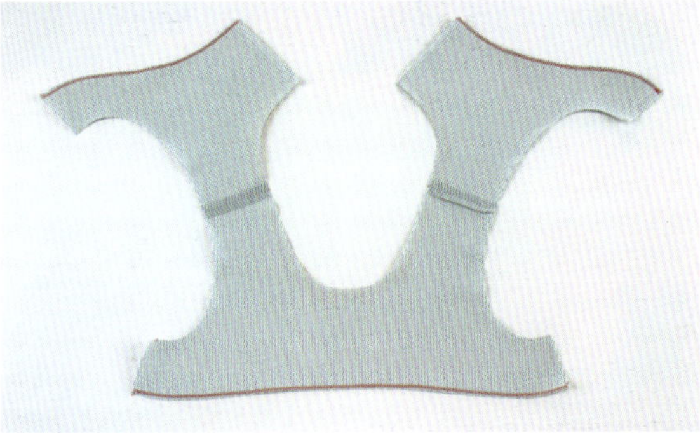
沿著前、後貼邊的下端縫鋸齒縫。使2片面對面地對齊，縫合肩部，把縫份攤開。

3 縫前身頃的褶子，縫合肩部

1
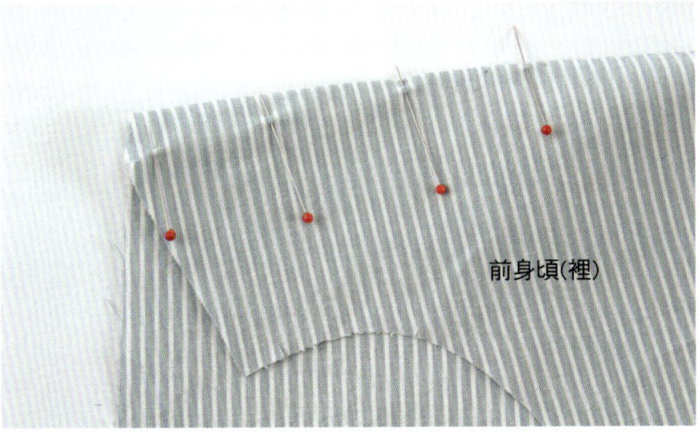

使前身頃胸部的褶子面對面地對齊，插珠針固定。

2
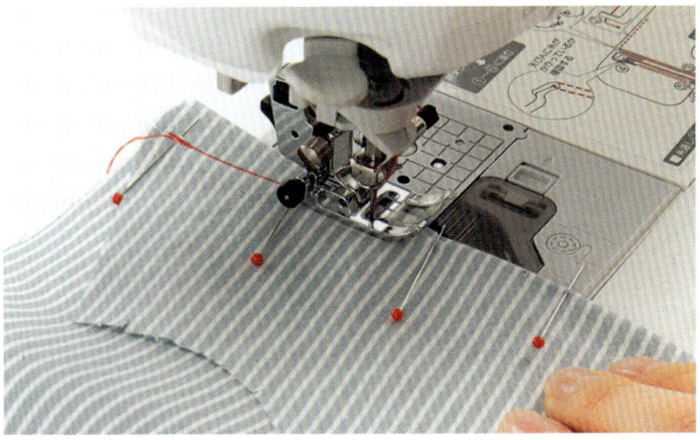
從褶子的布端以倒退縫開始縫。

3
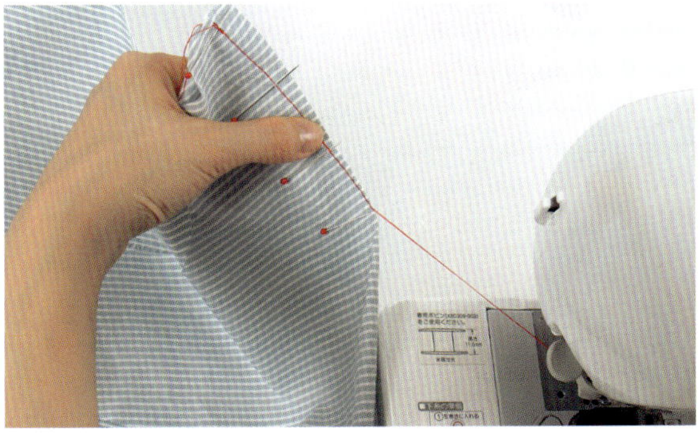
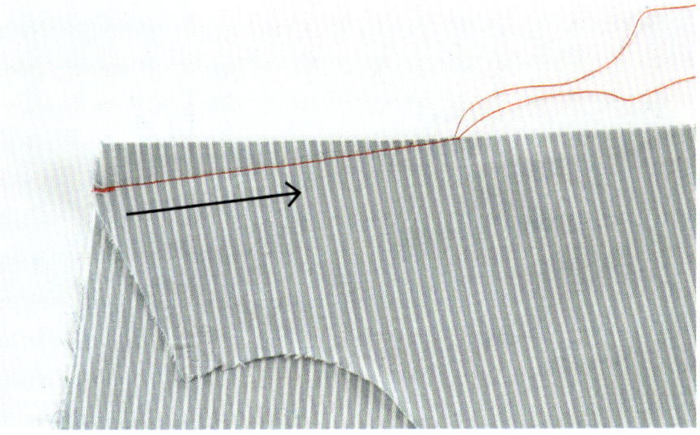
褶子的末端自然縫到結束後再空縫2、3針。留10cm左右的線頭把線剪斷。

4

把剩下的線頭在褶子的末端打結，剪掉多餘的線。

5

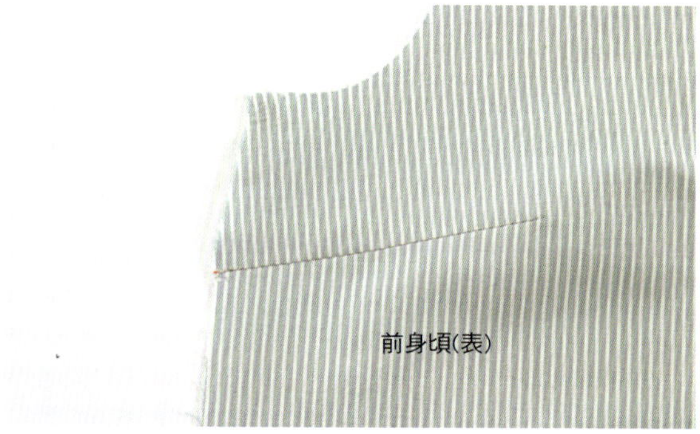

使褶子倒向上側，用熨斗整燙形狀。

6

在後身頃的後中心縫份上縫鋸齒縫。

7

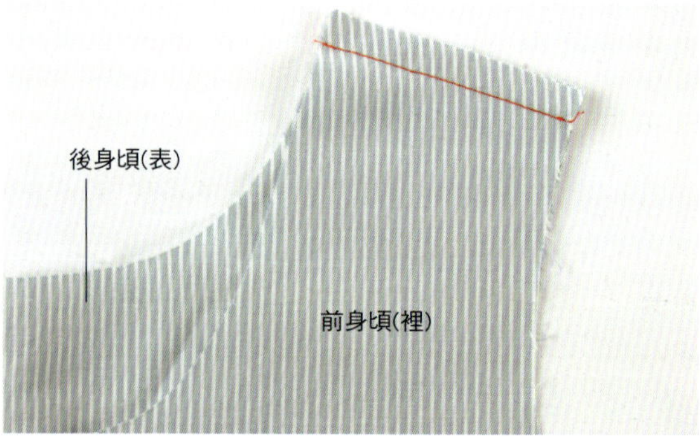

使前身頃與後身頃面對面地對齊，縫合肩部。

8

用熨斗把縫份攤開。

4 縫領圍和袖圍

1

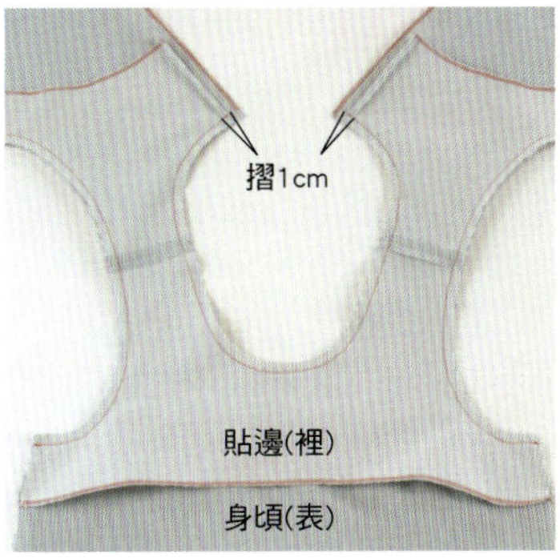

把身頃攤開，面對面重疊貼邊。把後貼邊開口側的縫份摺1cm。

2

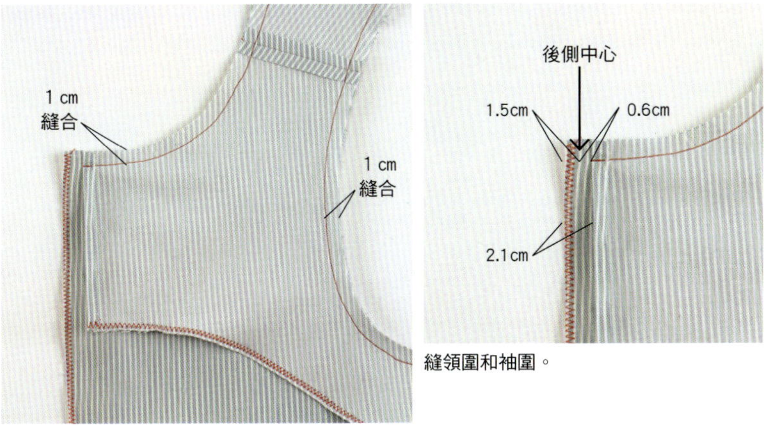

縫領圍和袖圍。

3

在曲線較急的部分的縫份上以0.5~0.8cm的間隔剪牙口。

4

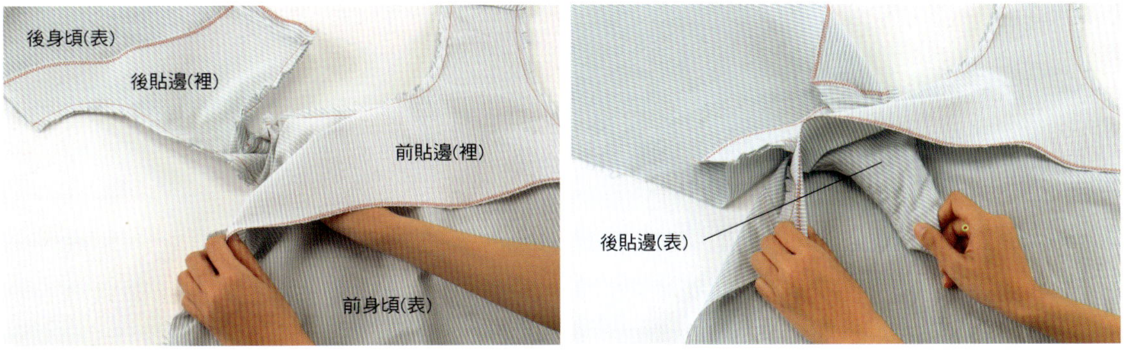

從前身頃與前貼邊之間的肩部伸手過去把後身頃和後貼邊拉出來，翻回表側。

5

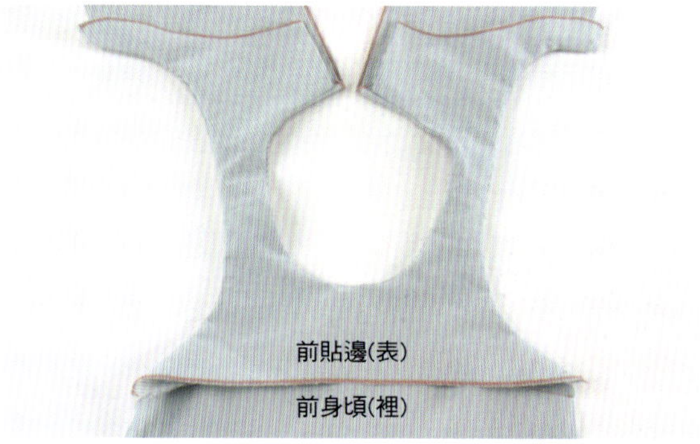

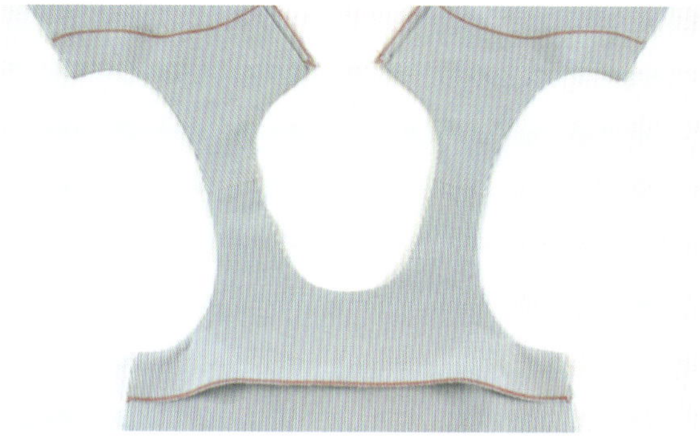

使身頃與貼邊的縫線鑷合，用熨斗整燙形狀。

5 裝拉鍊

1

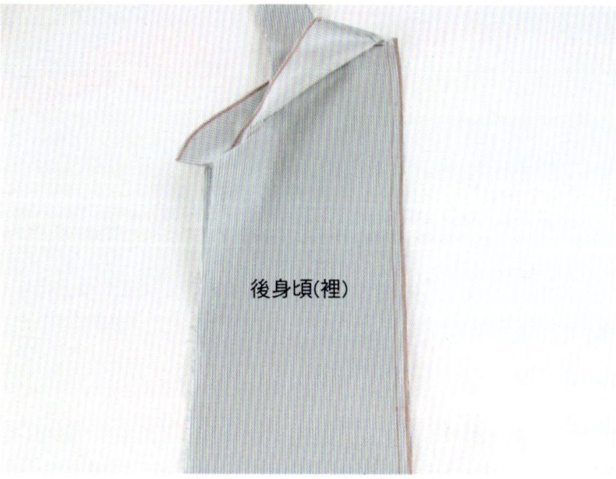

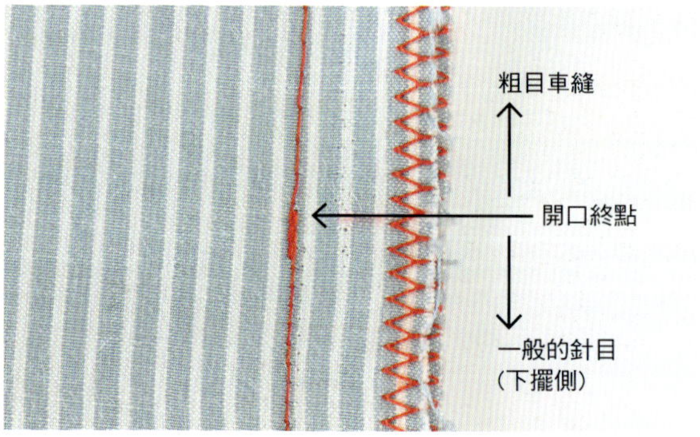

使後身頃面對面地對齊，縫合後中心。避開貼邊，以較粗的針距從領圍車縫到開口終點，到開口終點時先倒退縫，再改成普通的針距繼續縫到下擺。

2

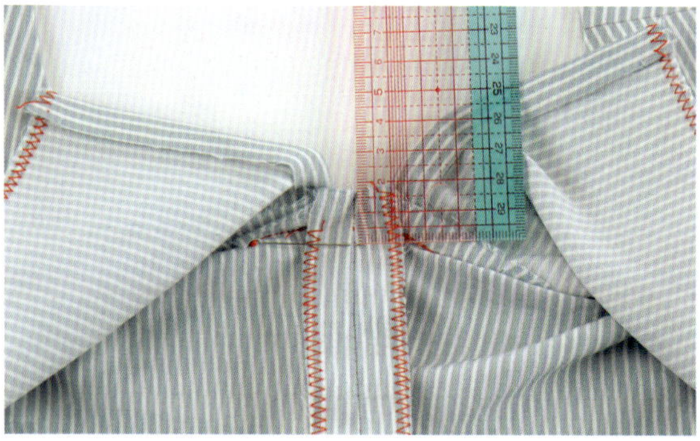

把縫份攤開。在領圍下方的0.7cm處以插珠針的方式代替畫記號以便讓隱藏式拉鍊的滑頭對齊。

3

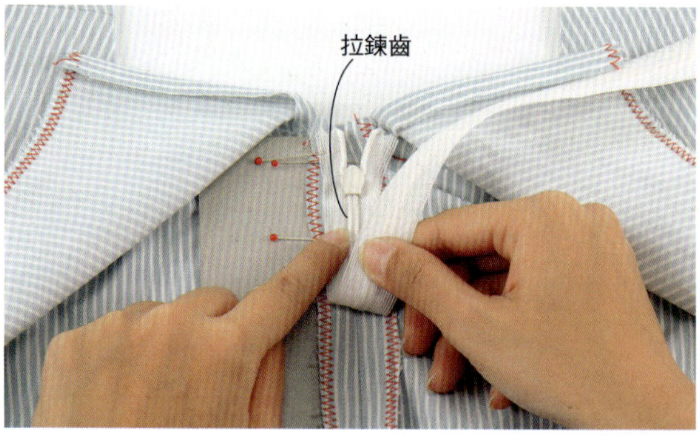

邊使拉鍊的中心與後側中心相互對齊，邊只固定縫份的部分。在身頃與縫份之間夾入厚紙板，這樣比較容易固定。

4

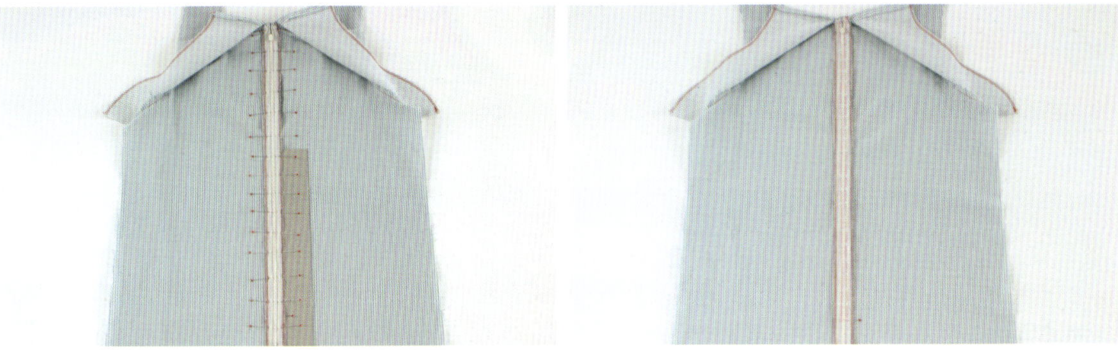

用珠針在拉鍊兩端一直固定到開口終點為止，沿著拉鍊齒的邊緣疏縫。

5

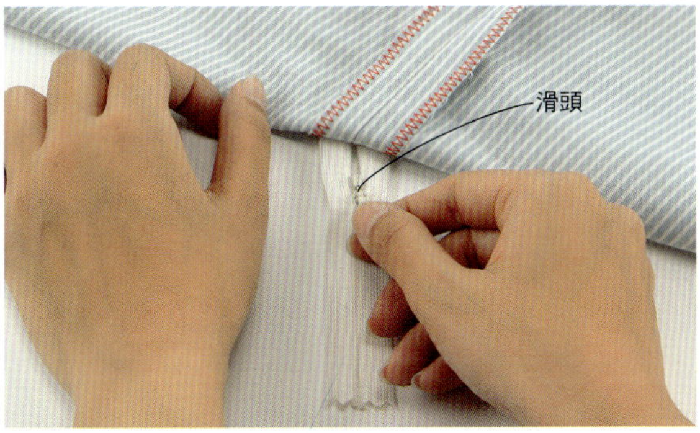

拆掉拉鍊縫合部分的粗目車縫，把滑頭往下拉。開口終點以下的部分就直接拉到裡側垂下來。

6

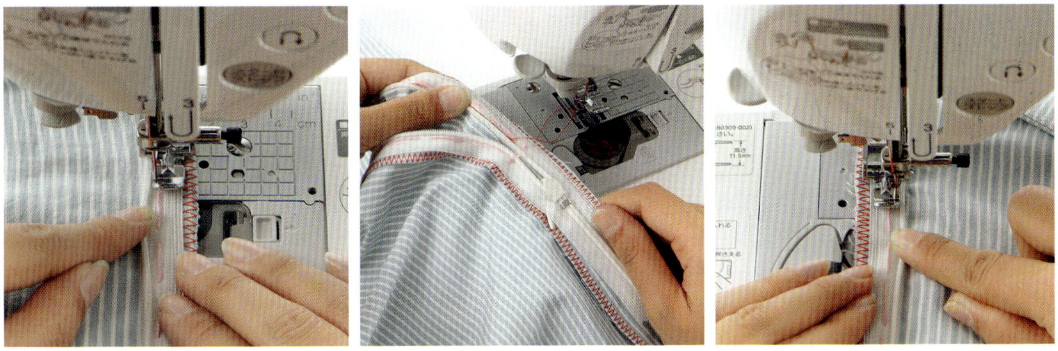

換成拉鍊壓布腳。讓拉鍊齒靠在壓布腳的脇邊，邊用指尖把拉鍊齒立起來邊縫合至開口終點並倒退縫。拉鍊的另一側則是靠在壓布角另一側的脇邊。

7

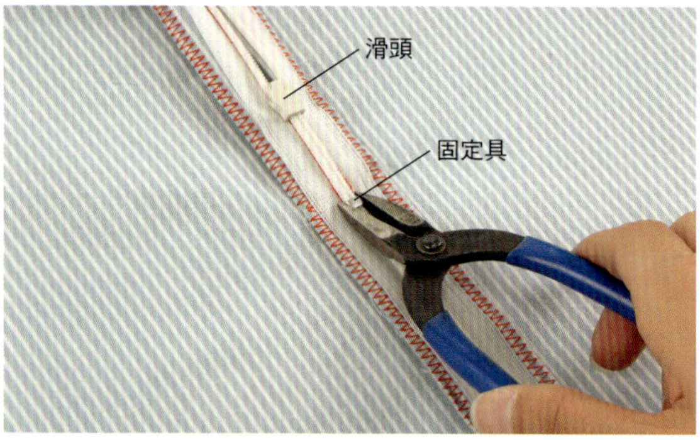

把滑頭往上拉。把固定具移到開口終點的位置並用鉗子固定好。

8

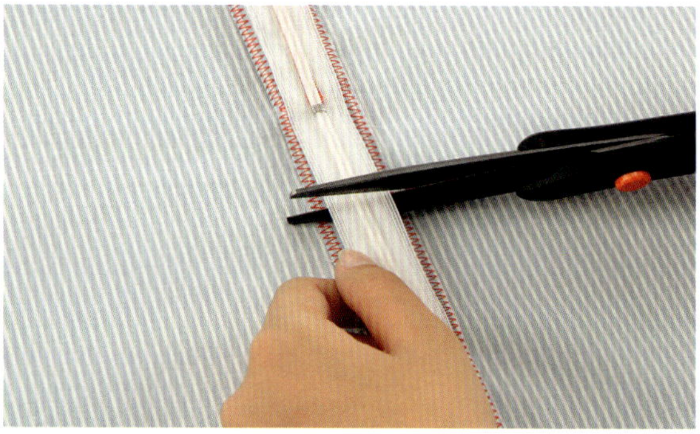

開口終點下方只留3cm，其餘剪掉。

（裡）

（表）

9

把拉鍊的上端往內側摺，用貼邊蓋住拉鍊布，整理形狀。

10

準備手縫針，把貼邊縫在拉鍊布上。一開始先往行進方向的反方向只挑取拉鍊布縫一針。

11

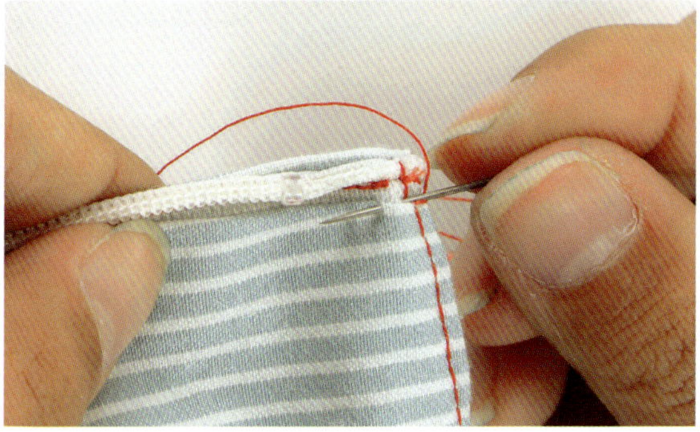

使針尖朝向行進方向，從貼邊的摺山上出針。

12

接著把針刺到相同位置的拉鍊布上，再次在貼邊的摺山上出針。重複**11**、**12**，一直縫到貼邊的末端。

13

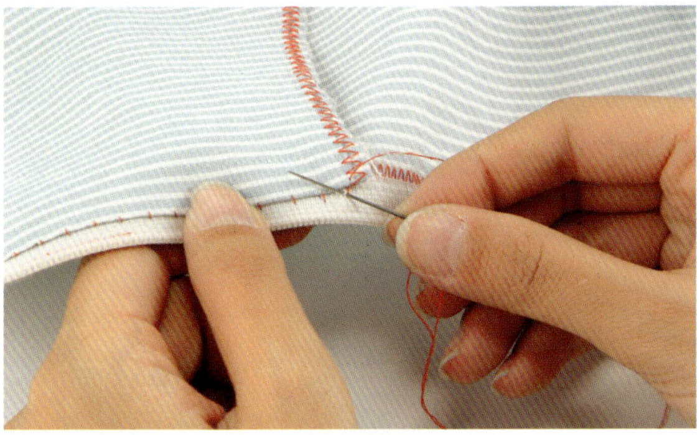

最後逆著行進方向倒退縫一針並打結固定。把針穿過貼邊遮住線結，剪斷線。

6 縫合脇邊

1

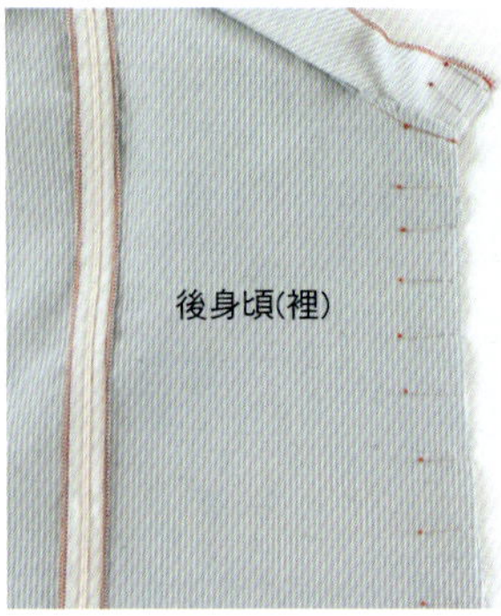

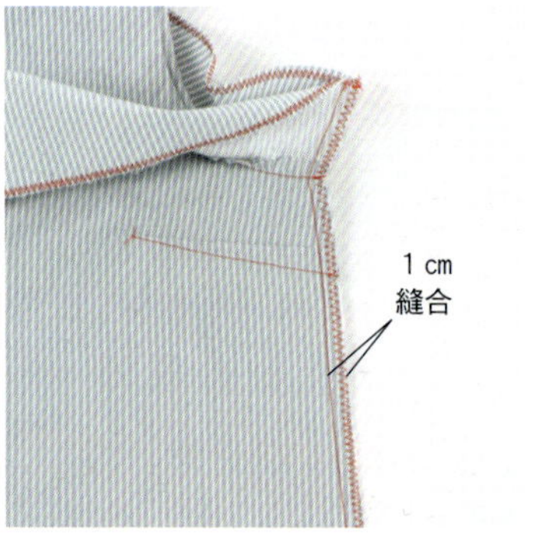

使前、後身頃與前、後貼邊的脇邊相互對齊，連續從貼邊一直縫到身頃。縫份2片重疊在一起做鋸齒縫並倒向後身頃那一側。

2

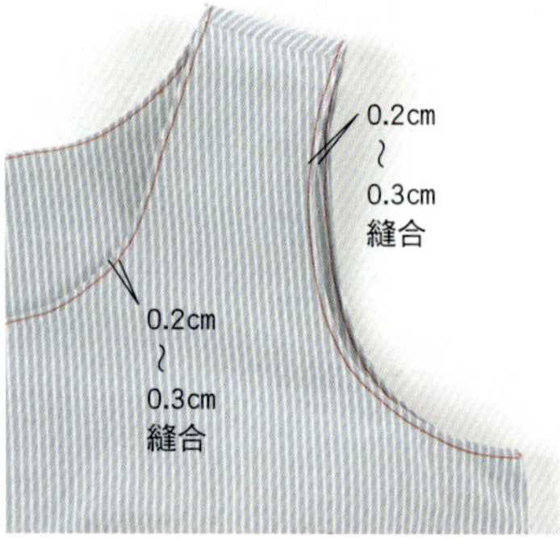

翻回表面並整理形狀，沿著領圍和袖圍的邊緣車縫。

7 處理下擺

1

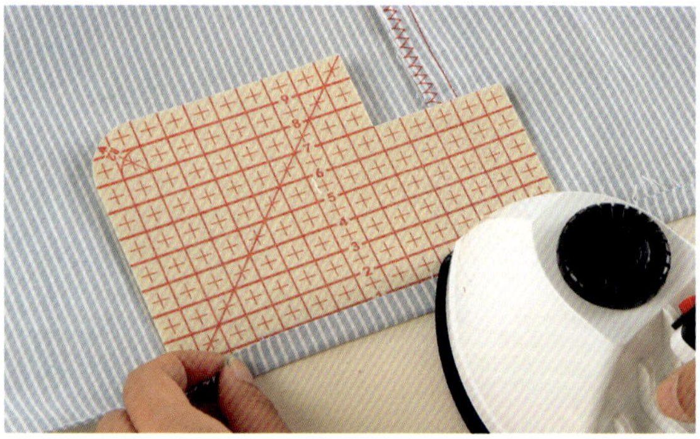

以1cm、5cm的寬度將下擺三摺。

2

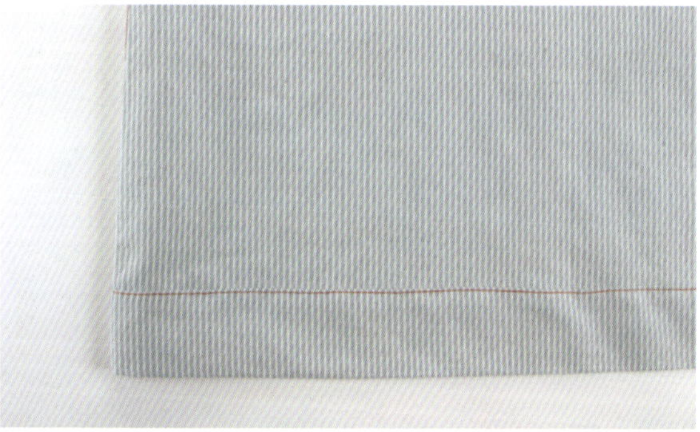

沿著摺山上側的邊緣縫合。

8 縫裙鉤

1

從後側中心裡側上端的貼邊底下入針。從表側的裙鉤預定位置出針，使針穿過裙鉤的孔。

2

讓針從拉線形成的線環中穿過去。

3

把線環拉緊。

4

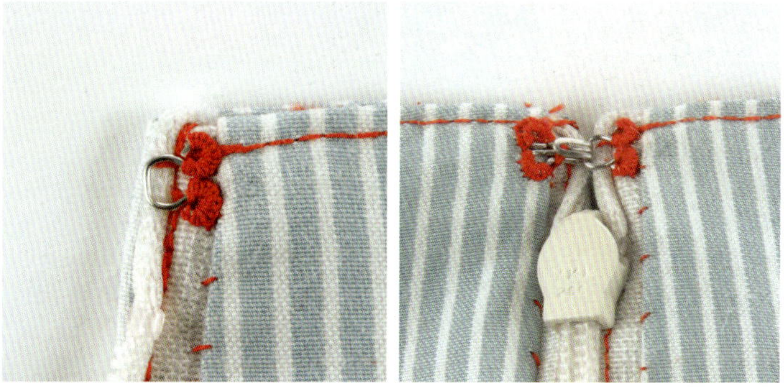

重複 **1** ~ **3**，讓縫線沿著裙鉤的孔緊密地排好。鉤的位置則要稍微往內移一點，縫在距離後側中心0.3cm的位置上。

變化　圓貼邊領連身裙

→ 55

在領圍的部分連接斜紋裁剪的貼邊領

在身頃的領圍根部加入改換線並連接貼邊領，充分利用格子花紋做設計。
裁剪的方向是斜紋方向，所以能平順地配合身形，也可以用顏色花紋不同的布來做。

1

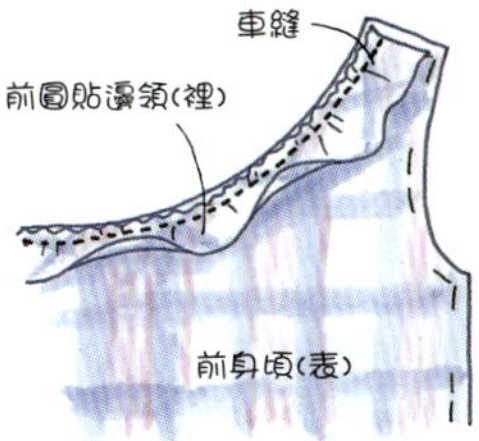

在前圓貼邊領的背面燙貼布襯。使前身頃的領圍與前部圓貼邊領面對面地對齊，縫合。

2

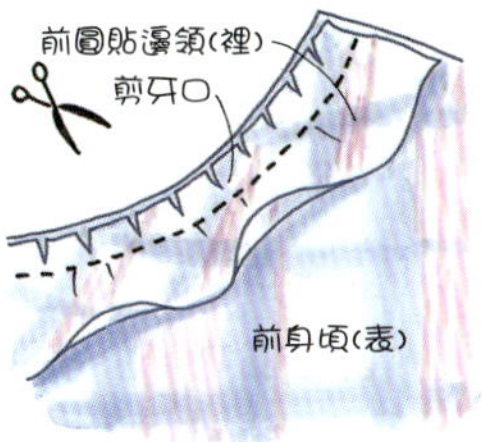

在縫份上剪牙口。

3

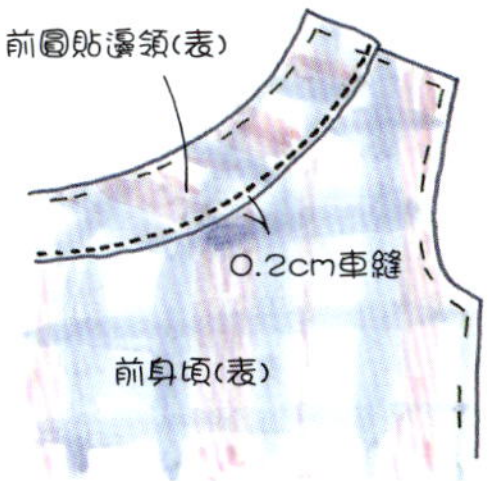

翻回表面，使縫份往貼邊領的方向倒下，用熨斗整燙形狀。沿著縫線的邊緣在貼邊領上車縫。後身頃也依相同的方法縫合。

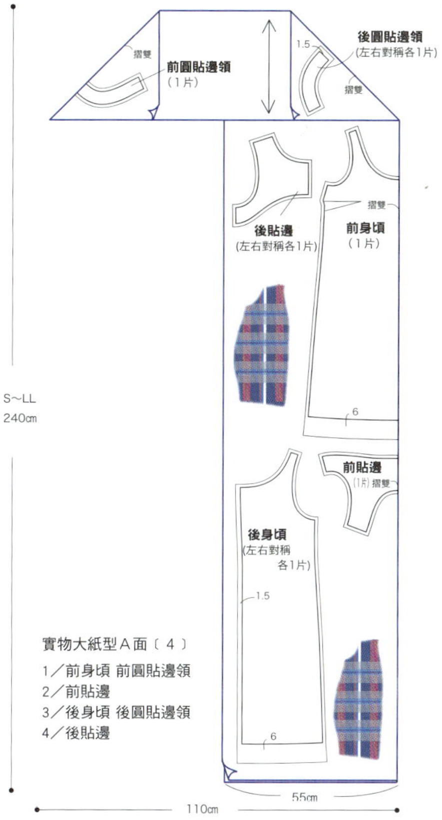

實物大紙型A面〔4〕
1／前身頃 前圓貼邊領
2／前貼邊
3／後身頃 後圓貼邊領
4／後貼邊

＊除指定以外縫份皆為1cm ＊布為背對背摺疊

七分袖襯衫

製作方法 → 68

七分袖加上抓縐、圓弧的領子和肩線…。傳統中帶點新鮮感的襯衫。簡潔的輪廓也深具魅力。

變化　白襯衫

製作方法和圓點襯衫相同。
質感清爽的細棉布一旦拿掉圓點變成純白色，
看起來就成熟了許多，穿搭時給人的印象和適合的場所也完全不同。

→ 66

七分袖襯衫

材料
表布(細棉布)=110cm寬×220cm
布襯=90cm寬×60cm
鈕釦=直徑1.0cm 5個
直徑0.9cm 1個

縫製方法順序
1 參照裁剪方法圖裁剪布片。
2 在貼邊上燙貼布襯。
3 將後身頃與抵肩縫合。
4 縫合肩部。
5 縫合兩脇。
6 製作領子和布環，縫在領圍上。
7 處理裡抵肩。
8 製作袖子，縫在袖圍上。
9 處理下擺。
10 製作釦眼，縫上鈕釦。

成品尺寸-size
衣長 S～LL＝59.8cm

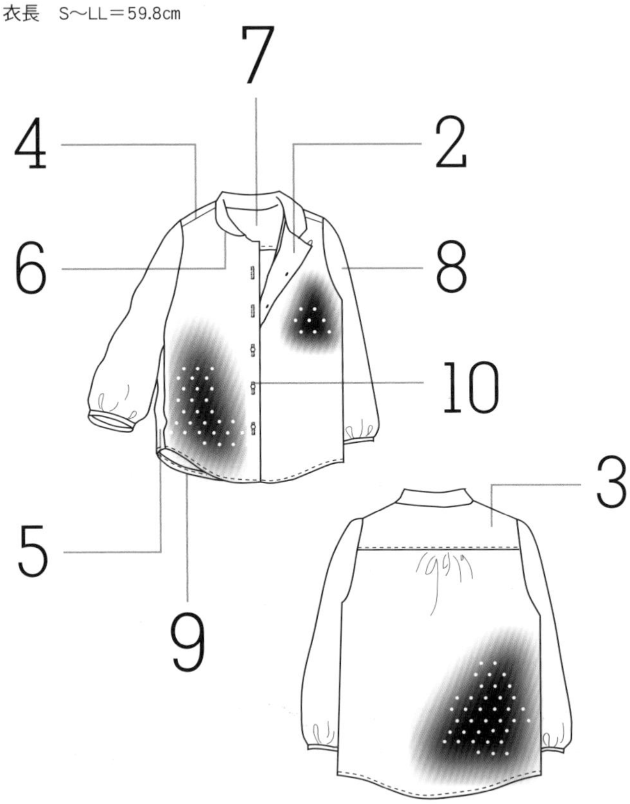

1 裁剪方法圖

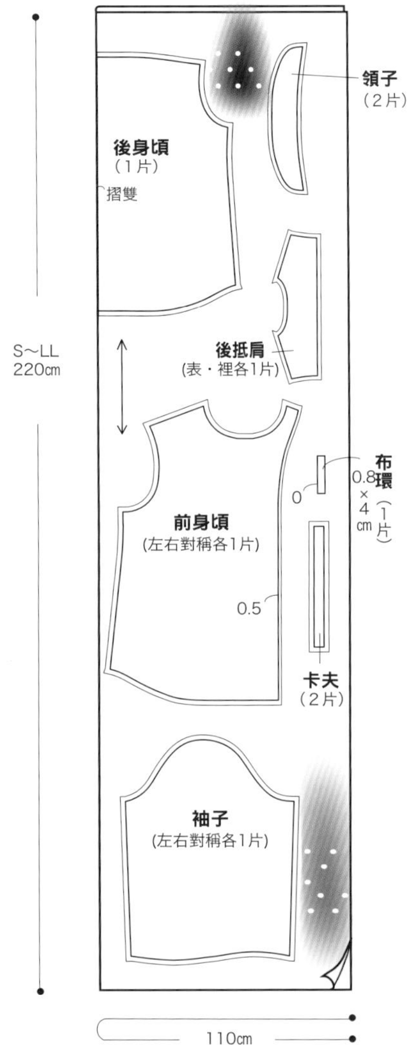

＊除指定以外皆為 1cm
＊布為背對背摺疊

實物大紙型A面〔5〕

1／前身頃 2／後身頃
3／後抵肩 4／袖子
5／領子 6／卡夫

2 燙貼布襯

1

在前身頃的貼邊裡側燙貼布襯，並以鋸齒狀車縫處理貼邊的邊緣。

2

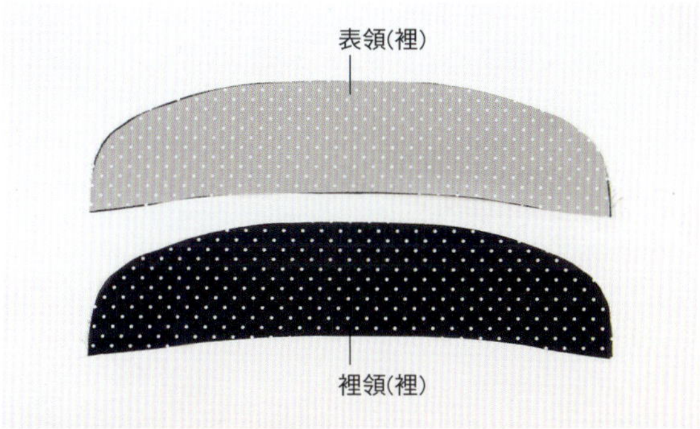

在表領的裡側燙貼布襯。

3 將後身頃與抵肩縫合

1

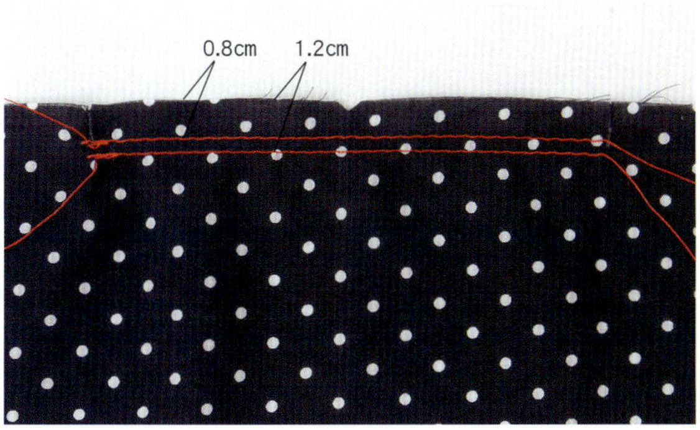

在後身頃上的兩個縐褶終點記號之間以較寬的針距車縫。開始時要先倒退縫，再前進，以0.2cm的寬度夾著完成線車縫2道。輕拉上線使縐褶均勻，縮至6cm。

2

用熨斗的前端燙一下縫份處的縐褶使形狀固定。

3

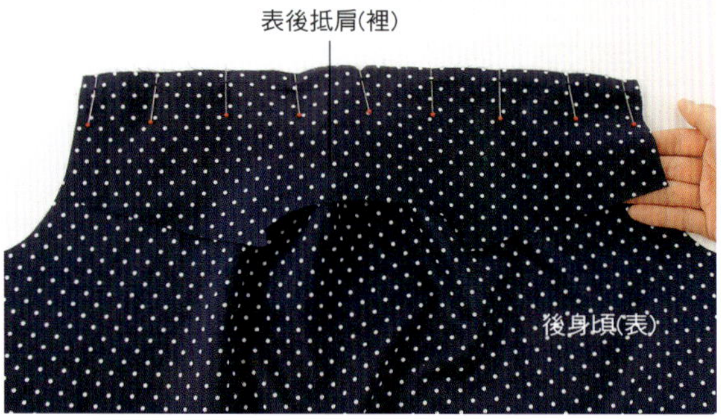

使後身頃的上端與表後抵肩的下端面對面地對齊。

4

取1cm縫份縫合。

5

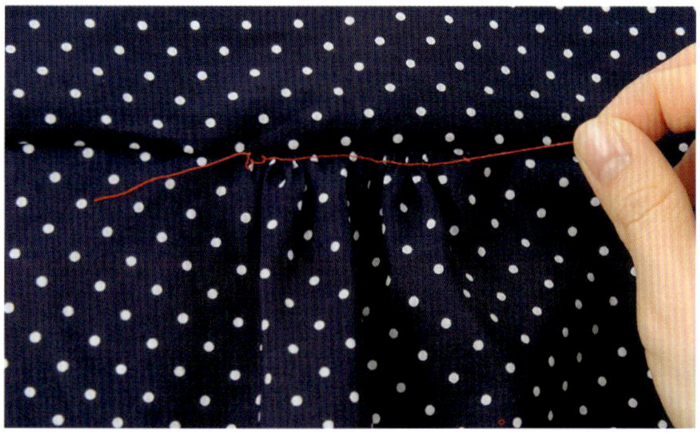

把抵肩翻回表面，拆掉粗目車縫。

6

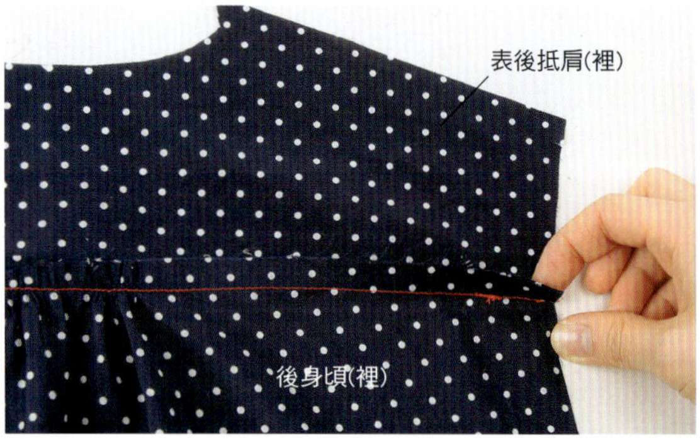

使縫份往抵肩那一側倒下，從表側用熨斗整燙形狀。

抵肩：連接布的一種

4 縫合肩部

1

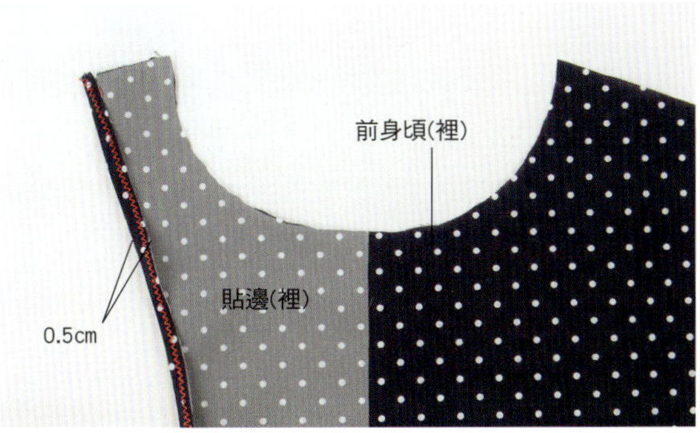

把前身頃的貼邊邊緣以0.5cm的寬度二摺。

2

在距離摺山0.2~0.3cm的位置縫合。

3

暫時把前貼邊摺成面對面並用熨斗燙平。

4

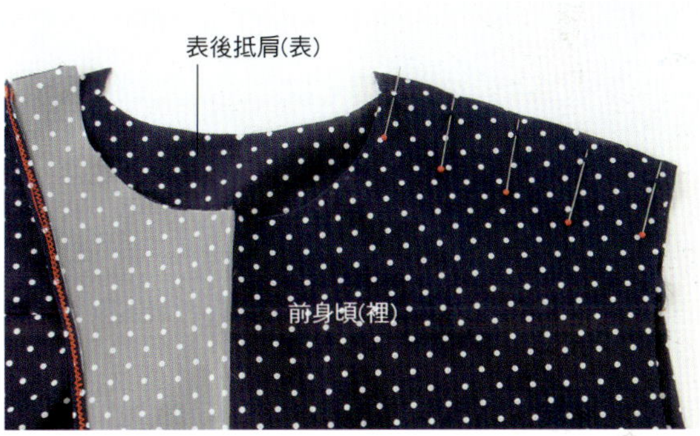

把 **3** 的前貼邊攤開，使前身頃與後表抵肩面對面地對齊，縫合肩部。

5

使縫份往抵肩那一側倒下。

6

使前貼邊與裡後抵肩面對面地對齊，縫合兩肩，縫份往裡後抵肩那一側倒下。裡後抵肩的縫份也要一起摺好。

5 縫合兩脇

1

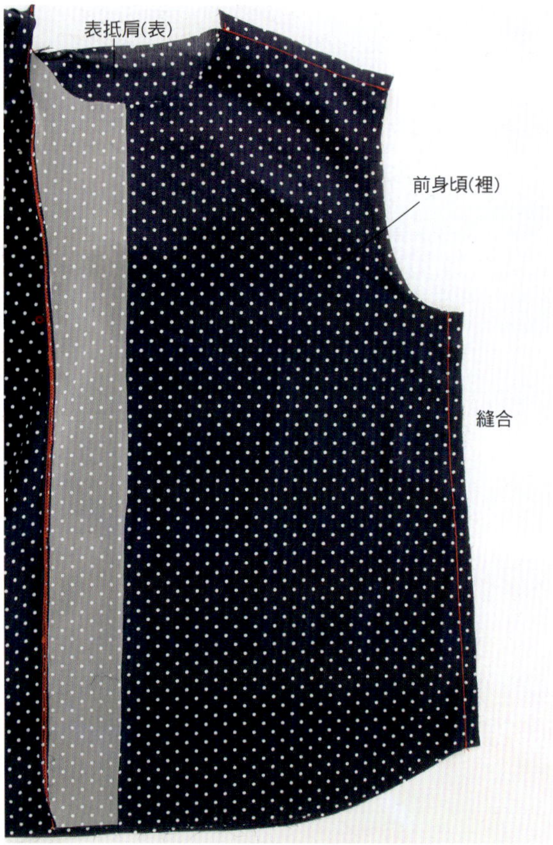

使前身頃與後身頃面對面地對齊，縫合脇邊。

2

縫份2片重疊在一起做鋸齒縫並往後身頃那一側倒下。

6 製作領子和布環，縫在領圍上

1

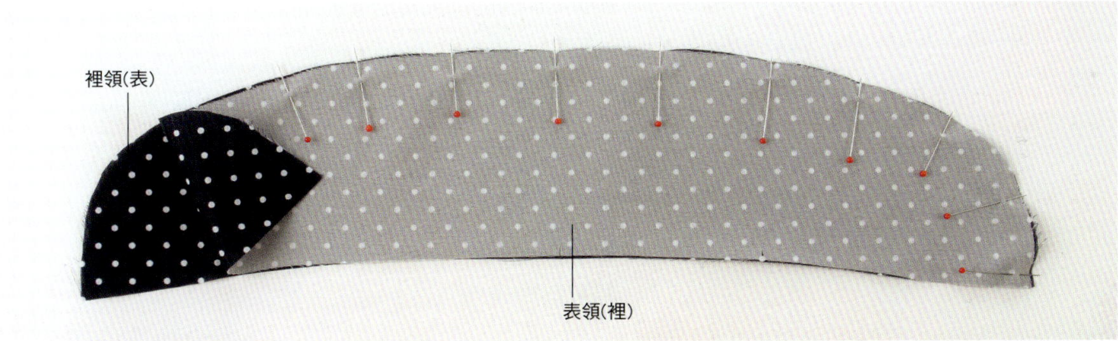

使表領和裡領面對面地對齊。

2

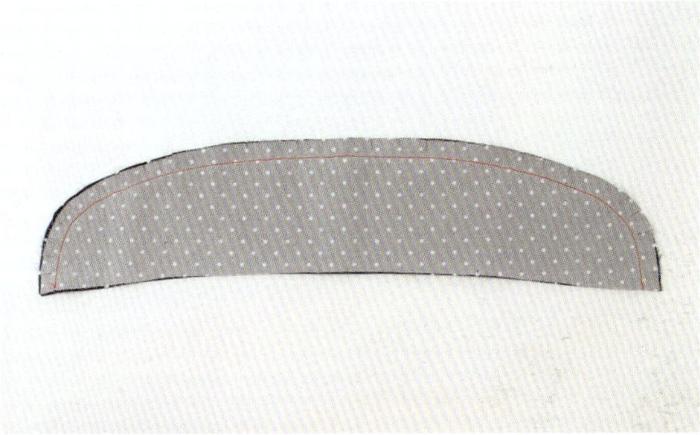

把與領圍相連那一側以外的周圍縫合，在縫份上剪牙口。曲線較急的部分要以較密的間隔剪牙口。

3

翻回表面，使縫線鑲合並整理形狀。

4

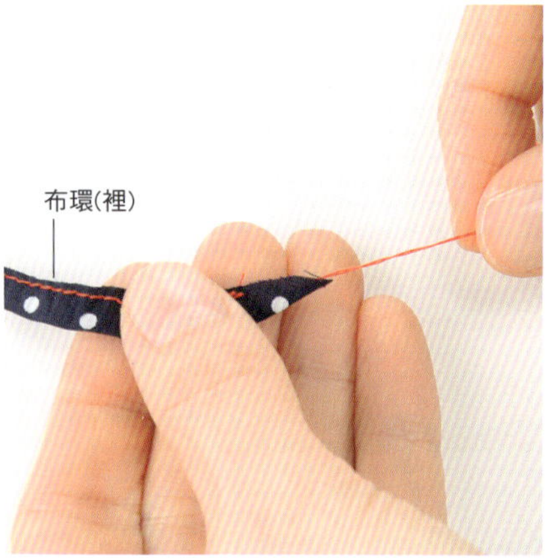

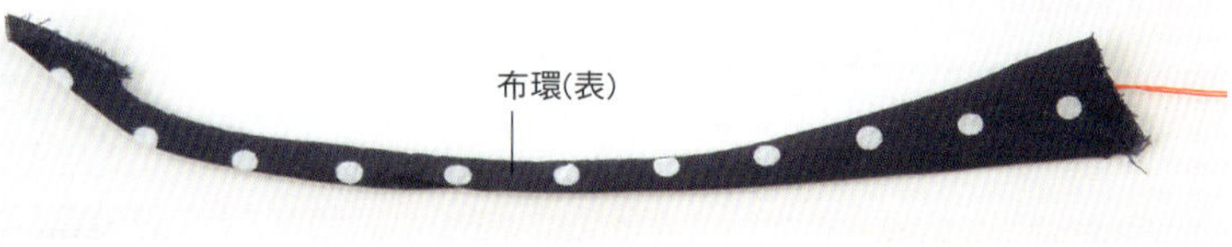

使布環面對面地對齊，沿著布邊的邊緣縫合，要當翻口的那一端要比較寬。用線確實固定布環的末端。用針眼那一端穿過布環，把線拉回到表側。

5

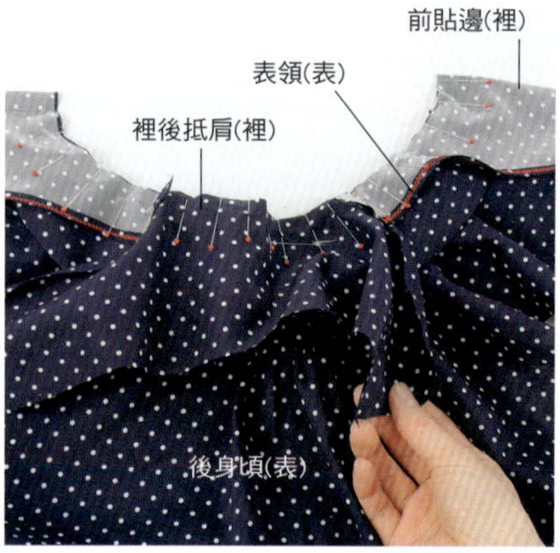

把前身頃的前端面對面地摺起來，使前身頃與後身頃面對面地對齊。把領子夾在2片之間的領圍部分並用珠針固定。

6

把**4**的布環摺成一半，夾在右前身頃的預定位置上。

7

縫領圍。在縫份上剪牙口，使縫份倒相身頃那一側。

8

翻回表面，整理形狀。用錐子從表側把前身頃前端的角漂亮地挑出來。用熨斗整燙前端。

7 處理裡抵肩

1

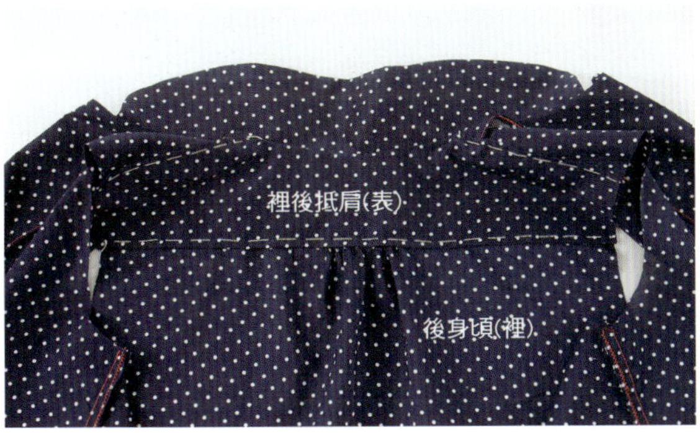

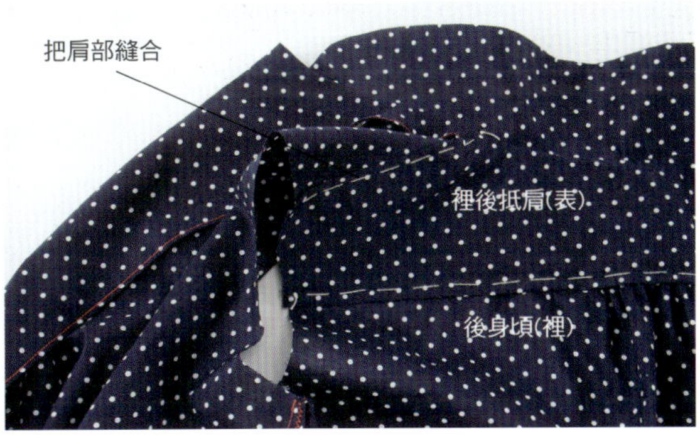

把裡後抵肩下端的縫份在距離完成線0.2cm處的縫份側摺起來。在與表後抵肩面對面對齊的完成狀態下，沿著P.72・製作方法 **4**-**6** 摺好的肩部摺山末端疏縫。把裡後抵肩的肩部摺山縫在縫份上。

2

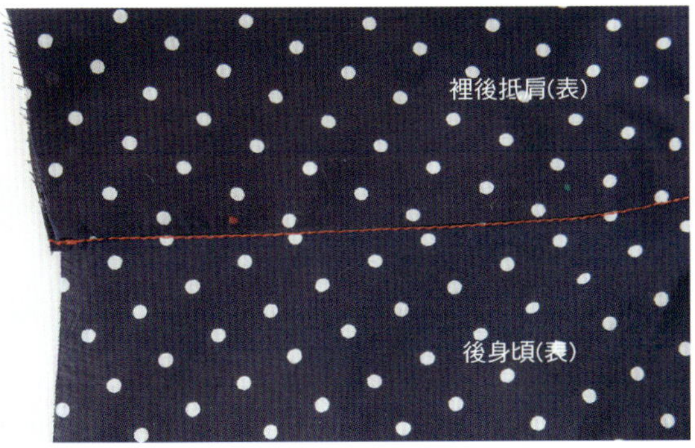

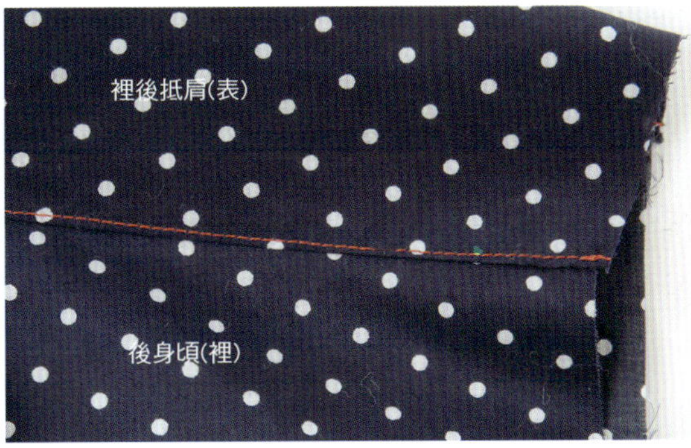

從表側沿著抵肩與後身頃改換的縫目縫落機縫。

8 製作袖子，縫在袖圍上

1

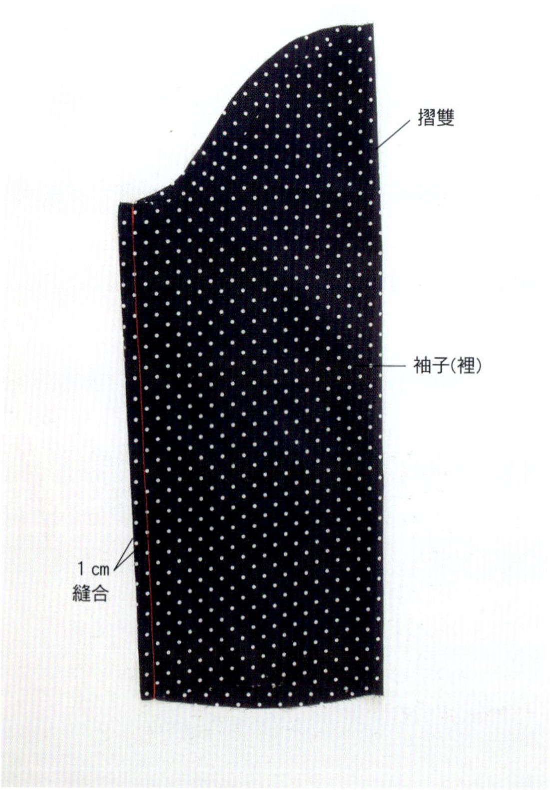

使袖子面對面地對齊，縫合袖下。

2

把縫份2片重疊在一起做鋸齒縫。在袖山縮縫位置的縫份上縫粗目車縫。

3

以1cm的寬度將卡夫四摺並用熨斗燙平。

4

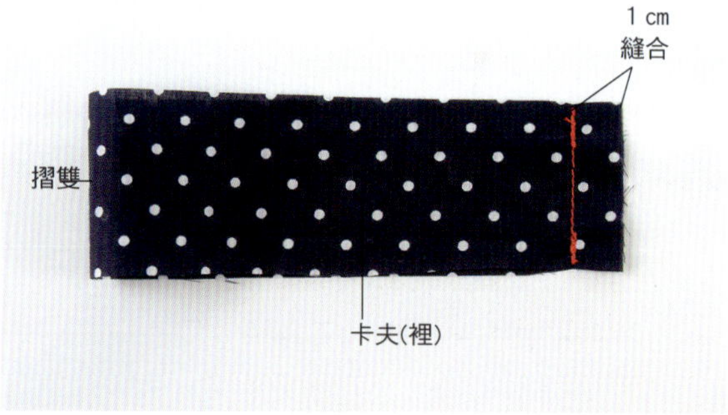

攤開卡夫。面對面對齊並，縫合末端，把縫份攤開。

5

在距離袖口完成線0.2cm的兩側縫2道粗目車縫，分別縫在縫份側及袖子側。輕拉上線，均勻地擠出縐褶，縮至卡夫的尺寸。

6

使袖口與卡夫面對面地對齊。細密地插上珠針固定並縫合。

7

（裡）

（表）

把卡夫翻回表面，沿著完成線摺好。把縫份包起來，疏縫固定，從表側沿著上側的摺山邊緣縫合。

8

把袖子翻回表面並穿過身頃，使袖圍面對面地對齊。注意不要搞錯前後。

9

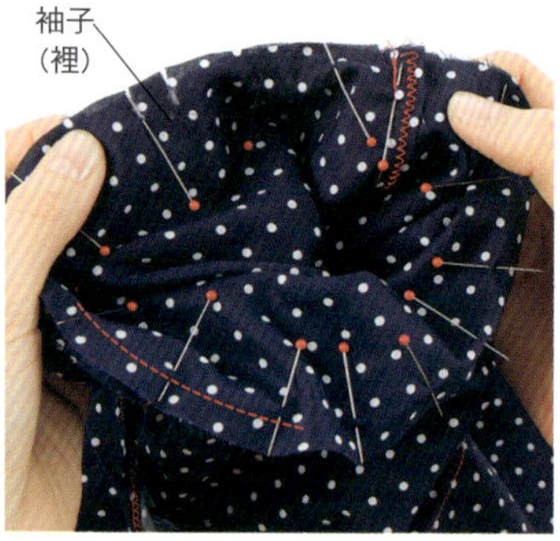

把袖子翻轉過來，從袖子這一側插珠針。拉袖山縫份上的粗目車縫線，使左右各縮0.2cm。

10

從袖子這一側縫合袖圍。袖圍下方的左右各10cm左右要再縫一次做為補強。

11

把袖山的粗目車縫拔掉。縫份2片重疊在一起做鋸齒縫。

12

使縫份往袖子那一側倒下。把身頃和袖子翻回表面，用熨斗整燙形狀。

9 處理下擺

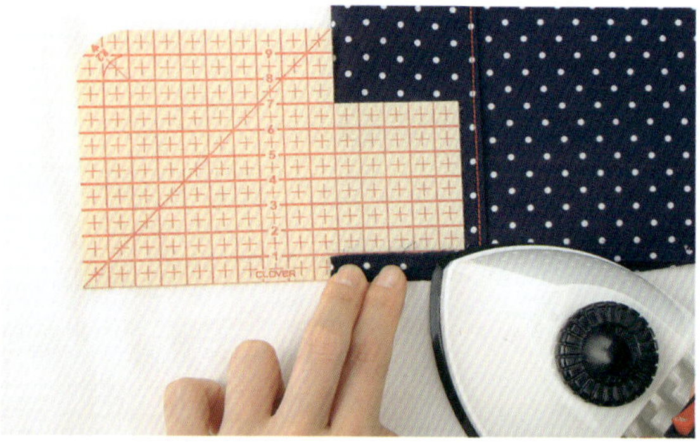

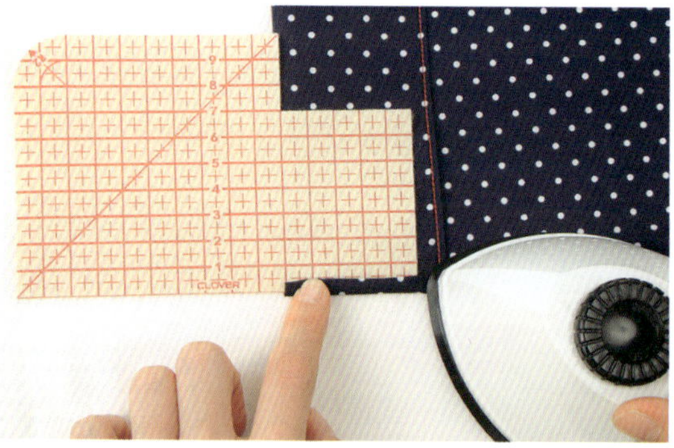

以0.5cm的寬度將下擺連同貼邊一起三摺，從表側沿著上側的摺山邊緣車縫。

10 製作釦眼，縫上鈕釦

1

換成釦眼用的壓布腳，在前身頃的預定位置上縫一個1.2cm長的釦眼。

2

在釦眼兩端的切割終點插珠針。用釦眼鑿在釦眼的中心開孔。

3
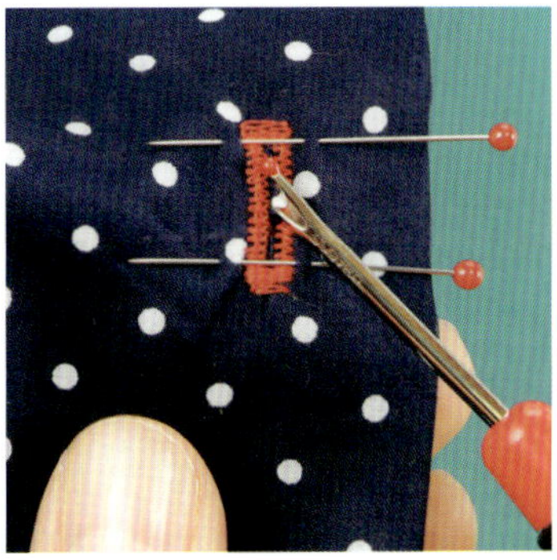
用拆線器割開到兩端的終點。

4
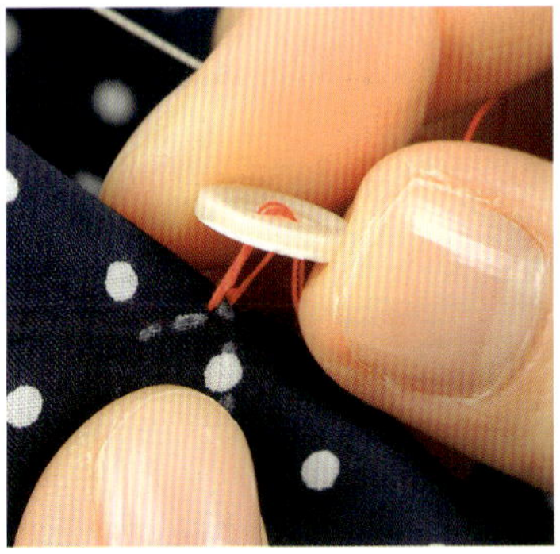
把線頭打結，從表側挑取少許布紗。來回穿線2~3次縫合，布和鈕釦之間要留線腳（約為上前片的厚度）。

5

以針線由上而下纏繞線腳數回並挑取布紗1~2次。打結固定，把線頭拉進前身頃的裡側，剪斷線。

變化　白襯衫

→ 67

改變用布
給人完全不同的印象

自己縫製的好處就是要做大膽還是樸素的設計都是自由且隨興的。
即使像本書這樣用相同的紙型製作，只要改變素材和顏色，還是能創造出新鮮感。

圓點和白色都有自己的個性，都是永遠的基本款。除了改變顏色，還可以利用花朵印花布或條紋布等來製作，讓不同的圖案帶給來更多的樂趣。

以顏色、素材、形狀充滿變化的鈕釦來裝飾。襯衫本身很素雅，所以選用的鈕釦可以左右給人的印象。

新手入門・縫紉基礎
Lesson

坂上のり子

進入服裝公司「innocent」之後，就在東京・代官山開設服裝雜貨專賣「NIMES」。之後更以各種品牌提案能讓日常生活更多采多姿的“Natural French”。

出　　版／楓書坊文化出版社
地　　址／新北市板橋區信義路163巷3號10樓
郵政劃撥／19907596 楓書坊文化出版社
網　　址／www.maplebook.com.tw
電　　話／(02)2957-6096
傳　　真／(02)2957-6435
作　　者／坂上のり子
翻　　譯／潘舒婧
總 經 銷／貿騰發賣股份有限公司
地　　址／新北市中和區中正路880號14樓
網　　址／www.namode.com
電　　話／(02)8227-5988
傳　　真／(02)8227-5989
港澳經銷／泛華發行代理有限公司
定　　價／320元
初版日期／2011年8月

國家圖書館出版品預行編目資料

新手入門縫紉基礎LESSON / 坂上のり子作；潘舒婧翻譯. -- 初版. -- 新北市：楓書坊文化, 2011.08 80面；25.7公分

譯自：きれいに作れるソーイングの基礎

ISBN 978-986-6173-67-7 (平裝)

1. 縫紉

426.3　　100014076